스피치 전문가 김효정의

*리얼*

# 보이스 레시피

스피치 전문가 김효정의

# 21일
# 보이스 레시피

Voice Recipe

김효정 지음

바른북스

내 목소리를 탈바꿈하는
## 3가지 기초 재료와
## 7가지 비밀 레시피!

당신을 위한 맞춤 스피치 카운슬러 김효정과 21일간의
보이스 트레이닝을 시작하라

★★★★★
비대면 시대에
필요한
**보이스
레시피**

YouTube
(유튜브) 채널
**저자 동영상
QR 수록!**

> 서문

# 목소리의 변화는
# 삶의 변화로 이어진다

2011년 5월 따스한 봄날, 스피치 전문교육원인 카라스피치커뮤니케이션을 설립했다. 10년 뒤인 2021년 5월 따스한 봄날은 어김없이 찾아왔고, 변함없이 그 자리에서 많은 교육생과 함께하면서 그동안의 소중한 시간들이 주마등처럼 머릿속을 스치고 지나갔다.

"면접에서 최종합격했어요." "아들 결혼식에서 주례를 잘 보았습니다." "학교 온라인 수업 진행을 잘해서 더 중요한 역할을 맡게 되었어요." "제안 PT에서 좋은 결과를 얻었습니다." "역량평가면접 합격으로 승진했습니다." "연구원 정규직 전환 발표에서 합격했습니다." "소극적이었던 제가 유튜브를 시작했습니다." "목소리에 자신감이 생겨서 행복해요." "목소리가 좋다고 직장에서 행사를 진행하고 있습니다." 등 보이스 트레이닝 교육을 통해 목소리의 변화가 삶의 변화로 이어진 교육생들의 생생한 후기는 보이스 트레이너인 나에게는 큰 동기부여가 되고 있다. 나의 목소리를 찾는다는 것은 자존감과 함께 삶의 목표를 찾는 것과도 같다.

많은 사람들이 목소리에 대한 고민을 가지고 있다. "사람들 앞에만 나가면 떨려서 목소리가 나오질 않아요." "말이 빨라서 숨이 차고 답답해요." "발음이 어눌해서 사람들이 제 말을 잘 알아듣지 못해요." "웅얼거리는 목소리가 제 귀에도 들려서 불편해요." "작고 힘없는 목소리 때문에 매사에 의욕이 없어 보이고 아파 보인대요." "'화났어?'라는 말을 자주 들어요." 등 다양한 고민을 가지고 있지만, '목소리는 타고난 것이다.'라는 생각에 고민만 안고 체념해버리는 사람들도 적지 않다.

물론 선천적으로 좋은 목소리가 타고나는 경우도 있고, 활발한 성격으로 자신감 있게 말하는 사람들도 있다. 하지만 대부분은 후천적인 노력으로 좋은 목소리를 얻게 되는 경우가 많다. 목소리는 직업과 나이, 환경에 따라 변화하는 경우도 많기 때문에 충분히 바뀔 수 있다. 지난 10여 년간 스피치 강사로서 수많은 교육생들의 변화를 직접 눈으로 확인했고, 목소리의 변화는 자신감과 자아존중감 향상으로 이어질 수 있다는 것을 석사 연구를 통해 증명할 수 있었다.

말을 하고 싶어서 학원을 찾았던 수강생분이 기억에 남는다. 공무원이었던 그분은 부서가 바뀌면서 하루 종일 컴퓨터 앞에 앉아서 일을 해야 했다. 함께 일하는 분들도 컴퓨터와 하나 되어 서로 간에 대화가 없었고 자연스럽게 말하는 방법을 잊게 되었다고 한다. 그러다 모임에 나가게 되었는데 어눌한 말투와 부정확한 발음을 하는 자신의 모습을 보고 스피치 학원을 찾게 되었다고 했다.

또한 말투 고민으로 학원을 찾았던 수강생분은 직장생활을 많이 힘들어하셨다. 대화를 나누거나 무슨 말만 하면 의도와는 다르게 갈

등이 생기는 것이다. "네! 알겠어요! 이것 좀 해주세요!"라며 높은 톤과 툭툭 던지는듯한 말투는 상대방에게 성의 없이 말하는 것처럼 느껴지고 화를 내는 것 같아서 불편함을 줬을 것이다.

'모든 관계는 말투에서 시작한다.'고 할 정도로 말투는 중요하다. 이처럼 자신이 처해진 상황과 환경에 따라서 목소리는 변화할 수 있다. 때문에 스스로 훈련해야 하고 또 꾸준히 연습할 수 있는 상황과 환경을 만들어나가야 한다. 꾸준히 노력하면 내가 원하는 목소리로 변할 수 있다. 또한 목소리는 마음과도 연결되어 있어서 목소리가 좋아지면 마음도 같이 힐링 되는 것을 경험할 수 있다. 조급해하지 말고 편안한 마음으로 나의 목소리 변화를 기대해 보자.

## 목소리가 경쟁력인 시대에 살고 있다

우리는 커뮤니케이션의 시대이자 자기표현의 시대에 살고 있다. 과거에는 지식의 습득이 중요했다면 이제는 습득한 지식을 타인에게 어떻게 전달해서 이해시키고 평가받는지가 중요해졌다. 다시 말해 아무리 좋은 지식도 말로 표현할 수 없다면 무용지물이 될 수 있다는 것이다.

그래서 연령, 직업 상관없이 다양한 사람들이 대학입시와 취업 면접, 직장에서의 회의나 보고, 토론, 프레젠테이션, 강의, 수업 진행 등에서 스피치 역량을 발휘하기 위해 스피치 교육원을 찾고 있다. 또한 스타트업을 준비하는 창업가도 투자유치를 하기 위해서는 사업 계획에 대한 발표를 해야 한다. 사업아이템의 핵심을 간결하면서도 정확하게 전달해야 하기 때문에 IR피칭 능력은 중요하다.

뿐만 아니라 사람들과의 관계 형성에도 목소리는 중요하다. 대화 시 톤과 억양, 말의 속도, 발음, 말투를 어떻게 하느냐에 따라 호감을 주기도 하고 비호감을 줄 수도 있기 때문이다.

신종 코로나바이러스는 세상을 더 빠르게 변화시켰다. '언택트(Untact)' 즉, 비대면이 시대적 흐름이 되면서 비대면으로 온라인 교육, 회의, 면접이 진행되고 있다. 온라인은 오프라인보다 정확한 전달력을 필요로 하기 때문에 목소리 교육은 선택이 아닌 필수가 되었다.

'준비된 사람에게 기회는 찾아온다.'라는 말이 있다. 그동안 목소리에 대한 자신감이 없어서 기회를 잡지 못했던 분들, 자신 있고 당당하게 자신을 내놓지 못했던 분들, 원만한 대인관계를 유지하기 어려웠던 분들, 혹은 나의 스피치 역량을 발전시키고 싶은 분들이 있다면 이 책에서 제시하는 21일간의 목소리 훈련 후 삶의 목표를 세워 자존감 높고 행복한 삶을 살아갈 수 있기를 바란다.

목소리가 마음에 들지 않아 어디에서든 침묵하며 살아온 분들에게 선물 같은 책이 되어 마음속에도 따스한 봄날이 찾아왔으면 좋겠다.

2021년 따스한 봄날에
김효정

# 목차

**서문** 목소리의 변화는 삶의 변화로 이어진다
목소리가 경쟁력인 시대에 살고 있다

## 🎙 목소리를 건강하게 관리하는 방법     **16**

## 🎙 목소리 트레이닝 전     **20**

나의 목소리 제대로 알기 • 20
개선해야 할 목소리와 듣기 좋은 목소리는 무엇일까? • 22
목소리 진단표 작성 • 23 | 나만의 보이스 롤 모델 찾기 • 26

## 1장   목소리 기초체력을 위한 보이스 레시피

첫 번째 재료 : 복식 호흡법 • 30 | 두 번째 재료 : 발성법 • 33
마스크 공명 발성 • 35 | 세 번째 재료 : 발음법 • 37
3주 완성 보이스 레시피 • 38 | 보이스 레시피 5분 준비운동 • 39

21일 좋은 목소리 습관 만들기 보이스 캘린더(Voice Calendar) • 45

# 2장 1주차
# Day 1 ~ Day 7

**1일**
**(Day 1)**
복식 호흡 – 누운 자세로 호흡하기 • 48
발성 – 누운 자세로 발성하기 • 50 ｜ 발음 : 'ㅎ' 발음하기 • 52
짧은 문장 낭독하기 • 53 ｜ 힐링이 되는 낭독의 즐거움 : 누운 자세로 천장을 향해 책을 들고 낭독해보자 • 54

**2일**
**(Day 2)**
복식 호흡 – 고릴라 자세로 호흡하기 • 56
발성 – 고릴라 자세로 하품 발성하기 • 58
발음 : 'ㄱ' 'ㄲ' 'ㅋ' 발음하기 • 60 ｜ 짧은 문장 낭독하기 • 62
힐링이 되는 낭독의 즐거움 : 고릴라 자세로 양다리 사이에 책을 내려놓고 낭독해보자 • 63

**3일**
**(Day 3)**
복식 호흡 – 선 자세로 호흡하기 • 64
발성 – 선 자세로 하품 발성하기 • 66
발음 : 'ㄴ' 발음하기 • 67 ｜ 짧은 문장 낭독하기 • 68
힐링이 되는 낭독의 즐거움 : 바르게 선 자세로 거울 앞에 서서 책을 들고 낭독해보자 • 69

**4일**
**(Day 4)**
복식 호흡 – 앉은 자세로 호흡하기 • 70
발성 – 앉은 자세로 하품 발성하기 • 71
발음 : 'ㄷ' 'ㄸ' 'ㅌ' 발음하기 • 72 ｜ 짧은 문장 낭독하기 • 73
힐링이 되는 낭독의 즐거움 : 앉은 자세로 정면을 향해 책을 들고 낭독해보자 • 74

**5일**
**(Day 5)**
복식 호흡 – 걷기 운동 자세로 호흡하기 • 75
발성 – 걷기 자세로 하품 발성하기 • 77
발음 : 'ㄹ' 발음하기 • 78 | 짧은 문장 낭독하기 • 79
힐링이 되는 낭독의 즐거움 : 선 자세로 정면을 향해
책을 들고 낭독해보자 • 80

**6일**
**(Day 6)**
복식 호흡 – 스타카토로 강하게 호흡하기 • 82
발성 – 스타카토로 강하게 발성하기 • 83
발음 : 'ㅁ' 발음하기 • 84 | 짧은 문장 낭독하기 • 85
힐링이 되는 낭독의 즐거움 : 스타카토로 한 자 한 자
정확하게 뱉어내면서 낭독해보자 • 86

**7일**
**(Day 7)**
복식 호흡 – 복부 근육을 활용해 호흡하기 • 88
발성 – 복부 근육을 활용해 발성하기 • 90
자모음 발음 연습표 • 91 | 발음 : 'ㅂ' 'ㅃ' 'ㅍ' 발음하기 • 92
짧은 문장 낭독하기 • 93 | 힐링이 되는 낭독의 즐거움 : 앉은 자세로
다리를 들어 복부 힘을 느끼면서 낭독해보자 • 94

21일 좋은 목소리 습관 만들기 보이스 캘린더(Voice Calendar) • 97

## 2주차
## Day 8 ~ Day 14

**8일**
**(Day 8)**
공명 발성 – 앉은 자세로 공명 발성하기 • 100
발음 : 'ㅅ' 'ㅆ' 발음하기 • 102 | 짧은 문장 낭독하기 • 103
힐링이 되는 낭독의 즐거움 –《완벽한 공부법》• 105

**9일**
**(Day 9)**
공명 발성 – 호랑이처럼 강하게 공명 발성하기,
선 자세로 공명 발성하기 • 107
발음 : 'ㅈ' 'ㅉ' 'ㅊ' 발음하기 • 109 | 짧은 문장 낭독하기 • 110
힐링이 되는 낭독의 즐거움 –《아침편지 고도원의 꿈이
그대를 춤추게 하라》• 111

**10일**
**(Day 10)**
공명 발성 – 스타카토로 강하게 공명 발성하기 • 112
발음 : 'ㅓ' 'ㅡ' 발음하기 • 113 | 짧은 문장 낭독하기 • 114
힐링이 되는 낭독의 즐거움 –《사람은 무엇으로 성장하는가》• 115

**11일**
**(Day 11)**
공명 발성 – 부드러운 포물선을 그리며 발성하기 • 116
발음 : 'ㅔ' 'ㅐ' 'ㅖ' 'ㅒ' 발음하기 • 119 | 짧은 문장 낭독하기 • 120
힐링이 되는 낭독의 즐거움 –《너의 내면을 검색하라》• 121

**12일**
**(Day 12)**
공명 발성 – '공기 반 소리 반'으로 울림 가득한 공명 발성하기 • 122
발음 : 'ㅘ' 'ㅝ' 'ㅚ' 'ㅟ' 발음하기 • 123 | 짧은 문장 낭독하기 • 125
힐링이 되는 낭독의 즐거움 –《말그릇》• 126

**13일**
**(Day 13)**
공명 발성 – 긴 호흡으로 소리 근육을 키우는 발성하기 • 128
발음 : 'ㅙ' 'ㅞ' 발음하기 • 129 | 짧은 문장 낭독하기 • 130
힐링이 되는 낭독의 즐거움 –《자존감 수업》• 131

**14일**
**(Day 14)**
공명 발성 – 받침 발음 정확하게 하면서 공명 발성하기 • 133
발음 : 'ㅢ' 발음 정확하게 하기 • 134
짧은 문장 낭독하기 – 받침 발음을 정확하게 하기 • 135
힐링이 되는 낭독의 즐거움 –《모든 관계는 말투에서 시작된다》• 136

21일 좋은 목소리 습관 만들기 보이스 캘린더(Voice Calendar) • 139

#  3주차 Day 15 ~ Day 21
# 맛있는 스피치의 비밀! 7가지 레시피

**15일**
**(Day 15)**
맛있는 스피치의 첫 번째 레시피 - 핵심 강조법 • 142
발음 - 헷갈리는 발음 정확하게 하기 • 144
오늘의 소리 반 감정 반 낭독 - 아나운서 뉴스 원고 • 145
오늘의 힐링 스피치 - 내가 생각하는 정의를 작성해보자 • 147

**16일**
**(Day 16)**
맛있는 스피치의 두 번째 레시피 - 모음을 길게 늘인 강조법 • 148
발음 - 헷갈리는 발음 정확하게 하기, 받침 발음 정확하게 하기 • 149
오늘의 소리 반 감정 반 낭독 - MC 원고 • 150
오늘의 힐링 스피치 - 살면서 가장 행복했던 순간은 언제인가요? • 153

**17일**
**(Day 17)**
맛있는 스피치의 세 번째 레시피 - 천천히 강조법 • 154
발음 - 헷갈리는 발음 정확하게 하기 • 155
오늘의 소리 반 감정 반 낭독 - 교통 캐스터 원고 • 156
오늘의 힐링 스피치 - 위로받고 싶었던 순간은 언제인가요? • 158

**18일**
**(Day 18)**
맛있는 스피치의 네 번째 레시피 - 포즈 강조법 • 159
발음 - 품격을 높여주는 장음 • 160
오늘의 소리 반 감정 반 낭독 - 스타트업 IR피칭 원고 • 163
오늘의 힐링 스피치 - 워라밸에 대해 어떻게 생각하시나요? • 165

**19일**
**(Day 19)**
맛있는 스피치의 다섯 번째 레시피 - 리듬 강조법 • 166
발음 - 어려운 발음 연습용 문장 • 167
오늘의 소리 반 감정 반 낭독 - 기상캐스터 날씨 원고 • 168
오늘의 힐링 스피치 - 열정적으로 무언가를 도전했던 경험은 언제인가요? • 170

| | | |
|---|---|---|
| **20일**<br>(Day 20) | 맛있는 스피치의 여섯 번째 레시피 - 감정 이입법 • 171<br>발음 - 어려운 발음 연습용 문장 • 172<br>오늘의 소리 반 감정 반 낭독 - 라디오 DJ 원고 • 173<br>오늘의 힐링 스피치 - 나의 진정한 친구는 누구인가요? • 176 | |
| **21일**<br>(Day 21) | 맛있는 스피치의 일곱 번째 레시피 - 말투 • 177<br>발음 - 어려운 발음 연습용 문장 • 181<br>오늘의 소리 반 감정 반 낭독 - 쇼호스트 원고 • 182<br>오늘의 힐링 스피치 - 사랑하는 나 자신에게 쓰는 편지 • 184 | |

## 21일 보이스 트레이닝 후 진단해보기     188

## 21일간의 보이스 레시피를 마무리하며…     194

## 카라스피치 수강생분들의 생생한 후기     198

# 목소리를 건강하게 관리하는 방법

- 목소리 건강을 위한 레시피 -

어린아이들의 목소리는 청명한 하늘처럼 맑고 활기차다. 반면 어르신들의 목소리는 힘없이 떨리고 쉰 소리가 나온다. 인간의 모든 신체는 탄생과 성장을 거쳐서 노화의 과정을 겪게 된다. 그런데 목소리도 신체와 마찬가지로 나이가 들수록 노화한다는 사실을 알고 있는가?

몸 관리를 잘하면 나이가 들어서까지 건강한 신체를 유지하는 것처럼 평소 목소리 관리를 잘한다면 나이가 들어서도 맑고 힘 있는 소리를 유지할 수 있다. 특히 목소리를 제대로 건강하게 낼 수 있는 보이스 트레이닝을 함께 한다면 효과가 훨씬 좋을 것이다. 그럼 목소리는 어떻게 관리해야 할까?

### 1. 성대 결절을 주의해야 한다.

평소 발표를 하거나 노래를 부를 때 잘못된 목소리 사용으로 음성에서 가장 중요한 성대 점막에 상처가 생길 수 있으므로 나에게 맞는 톤과 정확한 발성으로 소리를 내야 한다.

### 2. 올바른 생활습관이 성대를 건강하게 유지한다.

성대에 좋지 않은 음식을 자주 먹게 되면 성대 근육의 탄력이 떨어져서 노화가 빨리 오게 된다. 성대 건강을 위해 피해야 할 대표적인 음식은 다음과 같다.

- 술, 담배
- 커피, 홍차, 초콜릿 등의 카페인
- 늦은 시간 먹는 기름진 음식

**3. 성대 점막을 촉촉하게 유지한다.**

성대가 건조해지지 않도록 수시로 물을 마셔야 한다. 너무 차갑거나 뜨거운 물보다는 미지근한 물을 마셔주는 것이 좋다. 또한 실내에서는 가습기나 디퓨저 사용을 생활화하면 좋다.

물을 자주 마시는 것은 습관이다. 생수를 마시는 것이 불편하다면 미지근한 물에 오이와 레몬을 얇게 썰어서 넣고 수시로 마셔주면 좋다. 여기에 애플민트와 같은 허브를 넣어주면 향도 좋고 상쾌하기 때문에 습관이 바로 잡힐 것이다. 평소 성대 건강을 위해 자주 마시는 디톡스 워터 레시피를 소개한다.

- 레시피1. 오이, 애플민트, 레몬즙
- 레시피2. 오이, 애플민트, 레몬슬라이스
- 레시피3. 오이, 애플민트, 레몬슬라이스, 딸기

좋은 목소리를 만들기 위해서는 건강한 목 관리와 트레이닝을 통해 몸과 마음의 균형이 잘 이루어져야 한다. 훈련 전 물 한 잔을 꼭 준비하자.

# 목소리
# 트레이닝 전

## 나의 목소리 제대로 알기

이 책을 손에 든 당신은 목소리에 대한 관심과 중요성을 느끼고 있을 것이다. 아나운서를 준비했을 당시 나의 목소리를 녹화해서 처음으로 들어보는 순간이었다. 미간이 찌푸려지면서 쥐구멍에라도 들어가고 싶었다. 힘만 잔뜩 들어가서 톤은 높고 소리는 앵앵거리는 아이 같은 목소리였다. 여기에 예쁘게만 말하려고 하니 그야말로 목소리 총체적 난국이 따로 없었다.

내 목소리를 직접 녹음하거나 녹화해서 들어본 적이 없었기 때문에 모니터링을 한다는 게 얼마나 중요한지 느끼게 된 순간이었다. 그때부터 잘못된 소리를 내는 자신을 발견하고 목소리 훈련을 시작했다. 매일 아침 정해진 시간에 복식 호흡과 발성 연습으로 목을 풀고, 신문 읽기를 꾸준히 하니 정확한 발음과 자연스럽게 말하는 능력을 갖추게 되었고 점점 나의 목소리를 찾아갈 수 있었다. 이처럼 좋은 목소리를 만들기 위해서는 나의 목소리를 제대로 알고 꾸준히 연습하는 것이 중요하다.

혹시 목소리 때문에 덕을 보거나 곤욕을 치렀던 경험이 있는지 생각해보자. 나 역시 처음으로 방송을 시작했을 때의 기억이 생생하다. 20대 초반 기상캐스터를 했을 당시 첫 방송은 생방송으로 진행됐었다. 방송시간이 다가올수록 심장이 쿵쾅쿵쾅 떨리면서 목소리도 같이 떨려왔지만 다행히 잘 마무리할 수 있었다.

카메라에 빨간 불이 들어오는 순간 입 밖으로는 준비된 멘트가 나가는데 침이 마르면서 염소처럼 목소리가 떨렸다. 그때의 떨림은 설렘으로 바뀌었고 9년간의 방송활동과 10년간의 스피치 강사로 지금의 자리에 있게 했다. 목소리 덕을 본 사례도 많다. 사람들과 대화할 때 신뢰감을 줄 수 있었고, 강의할 때는 청중들을 집중시켜 내 의견을 존중하게 했다. 방송을 할 때도 뉴스, 날씨, 리포팅 등 상황에 따라 전달력 있게 진행을 할 수 있었다. 이처럼 좋은 목소리는 나 자신을 당당하고 자신감 있게 만들어줄 뿐만 아니라 삶의 목표를 세워서 긍정적으로 살아갈 수 있는 원동력이 된다.

좋은 목소리를 만드는 것은 맛있는 요리를 만드는 것과 같다고 생각한다. 요리도 하면 할수록 나만의 노하우가 들어간 레시피가 생기는 것처럼 목소리도 연습하면 할수록 나만의 좋은 목소리 레시피가 생길 것이다.

이 책은 지난 10년간 현장에서 직접 교육하면서 몸소 체득한 노하우가 들어간 보이스 레시피를 담아냈다. 정확한 호흡법과 발성법을 익히고, 발음, 말투, 1일 1낭독, 다양한 목소리 연출법으로 경쟁력 있는 목소리를 만들어보자.

잘못된 습관과 목소리에 대한 무관심으로 나의 타고난 목소리를 제대로 내놓지 못하고 살아왔다면 앞으로 보이스 트레이닝을 통해 당당하게 나의 목소리를 내보자. 자신감 있는 목소리로 아래의 문장들을 크게 읽으면서 시작하자.

"나는 매력적인 목소리를 가진 사람이다."
"나는 신뢰감을 주는 목소리를 가진 사람이다."
"나는 좋은 목소리로 또 다른 삶을 살아갈 것이다."
"나는 나를 사랑한다."

# 개선해야 할 목소리와 듣기 좋은 목소리는 무엇일까?

### 개선해야 할 목소리

퉁명스러운 목소리
거칠고 쉰듯한 목소리
단조로운 목소리
톤이 낮고 어두운 목소리
톤이 높고 얇고 힘없는 목소리
발음이 부정확한 목소리
입 안에서 웅얼웅얼 답답한 목소리
호흡이 불안정해서 숨이 차는 목소리

### 좋은 목소리

미소를 담은 친절하고 밝은 목소리
표현력이 좋은 생동감 있는 목소리
볼륨 변화가 있는 목소리
울림이 있는 풍성한 목소리
발음이 정확한 목소리
앞으로 시원하게 뻗어나가는 목소리
안정적인 톤의 차분한 목소리
호흡을 활용해서 의미를 전달하는 목소리

## 🔊 목소리 진단표 작성

나의 목소리를 정확하게 진단해보는 것은 중요하다. 자신의 목소리를 듣는다는 건 어색하면서 부끄럽다고 생각할 수도 있지만, 이번 기회를 통해 나의 목소리를 제대로 알고 문제점을 개선해보자.

내가 만난 수강생 대부분은 자신의 목소리를 녹음해서 들어본 적이 단 한 번도 없다고 했다. 충분히 이해한다. 하지만 익숙해지고 습관화된 나의 목소리를 자신이 스스로 파악하지 못한다면 목소리는 변화할 수 없다.

자신감을 갖고 아래 내용을 소리 내어 읽어보고, 3분 자기소개도 작성해 편안하게 말해보자. 휴대폰 혹은 녹음기를 활용해서 가까이 내려놓고 녹음하면 된다.

### ✏️ 보이스 진단1

지구 온난화에 따른 기후 변화에 맞춰
식목일을 앞당기는 방안이 추진되고 있습니다.
산림청이 실시한 국민 인식 조사 결과에서도
식목일을 3월로 변경하는 방안에 응답자의 절반 이상이
'찬성'한 것으로 나왔습니다.

## 보이스 진단2

3분 자기소개를 해보자.

안녕하세요. 21일간 보이스 트레이닝에 참여하게 된 _____ 입니다.

제가 보이스 트레이닝에 대한 관심을 갖게 된 이유는
_____
_____
_____

목소리 때문에 당황스러웠거나 힘들었던 상황은
_____
_____
_____

21일 동안 보이스 트레이닝을 통해서
_____
_____
_____ 목소리로 변화할 것입니다.

녹음한 내용을 한 번만 들어보고 아래 진단표에 체크해보자.
녹음한 파일은 저장하고, 훈련 후 다시 녹음해서 비교해보자.

- [ ] 말의 속도가 느리거나 빠르다.
- [ ] 목소리가 작고 힘이 없다.
- [ ] 목소리가 커서 화를 내는 것 같다.
- [ ] 목소리가 염소처럼 가늘고 떨린다.
- [ ] 발음이 정확하지 않아 어눌하다.
- [ ] 목소리 톤이 너무 높거나 낮아서 불안정하다.
- [ ] 톤이 단조롭고 일정해서 내용 전달이 부족하다.
- [ ] 말을 조금만 해도 목이 쉽게 잠기고 갈라진다.
- [ ] 목소리가 웅얼거려서 답답하다.
- [ ] 말을 자연스럽게 하지 못하고 버벅거린다.
- [ ] 목소리가 어둡고 생동감이 없어서 아파 보인다.
- [ ] 툭툭 내뱉는 말투와 아이 같은 말투를 가지고 있다.
- [ ] 사투리가 섞여 있어서 억양이 어색하다.
- [ ] 목소리가 기계처럼 딱딱하고 감정이 없다.

체크된 개수를 세어보고 훈련 후 비교해보자.　　　_____개.

목소리 트레이닝 전

## 나만의 보이스 롤 모델 찾기

보이스 롤 모델을 찾는다는 것은 목소리 훈련을 하기에 앞서 중요한 부분이다. 평소 닮고 싶은 목소리를 가진 사람이 있다면 아래 질문에 대해 작성해보자.

1. 보이스 롤 모델은 누구인가?
_____

2. 그 사람의 목소리를 좋아하게 된 계기는?
_____
_____
_____

3. 그 사람의 목소리가 좋은 이유를 구체적으로 작성해보자.
(발음/속도/억양/말투/분위기 등 세분화해서 작성해도 좋다.)
_____
_____
_____

4. 앞으로 나의 보이스 발전을 위한 계획을 작성해보자.
_____
_____
_____

"신은 우리가 성공할 것을 요구하지 않는다. 우리가 노력할 것을 요구할 뿐이다."

- 마더 테레사

# 1장

# 목소리 기초체력을 위한 보이스 레시피

## 💬 첫 번째 재료 : 복식 호흡법

좋은 목소리를 만들기 위한 3가지 레시피 중 가장 중요한 재료는 '복식 호흡'이다. 스피치의 기초체력이라고 할 수 있는 복식 호흡은 깊이 있고 풍부한 소리를 내는 데 꼭 필요하다. 평소 편안하게 쉬는 호흡은 '흉식 호흡'이지만, 명상이나 수면을 취할 때는 복식 호흡을 한다. 그렇다면 흉식 호흡과 복식 호흡의 차이점은 무엇일까? 왜 좋은 목소리를 만들기 위해서는 복식 호흡을 해야 할까?

쉽게 말해 흉식 호흡은 가슴으로 쉬는 얕은 호흡으로 숨을 마실 때 가슴과 어깨가 올라가고 아랫배는 들어가며 내쉴 때 나온다. 반대로 복식 호흡은 가슴과 어깨의 움직임이 없고 숨을 마실 때 아랫배가 나오고 내쉴 때 들어간다.

얕은 호흡인 흉식 호흡은 호흡의 양이 적어 말을 할 때 숨이 쉽게 차지만, 깊이 들이마시는 복식 호흡은 호흡의 양이 늘어나 깊이 있고 풍성한 소리가 나오며 숨이 쉽게 차지 않아 말의 체력을 기를 수 있다.

https://www.youtube.com/watch?v=RXYBDni50KM
복식 호흡법을 저자의 영상으로 확인하실 수 있습니다.

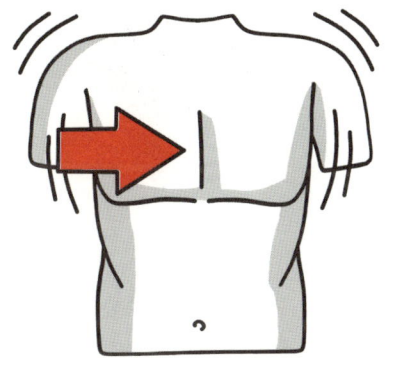 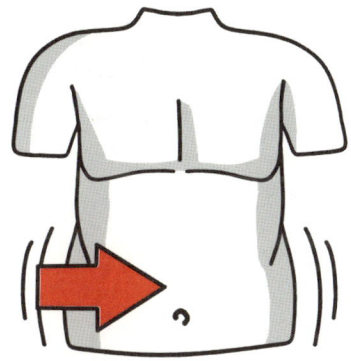

| 흉식 호흡 | 복식 호흡 |
|---|---|
| - 가슴으로 쉬는 짧고 얕은 호흡<br>- 말의 속도가 빨라지고 목이 쉽게 상함 | - 배로 쉬는 깊은 호흡<br>- 호흡의 양이 늘어나면서 힘 있고 풍성한 소리가 나옴 |

○ 복식 호흡 vs 흉식 호흡

복식 호흡 훈련이 끝나면 바로 '발성 호흡'을 해야 한다. 발성 호흡은 입을 크게 벌린 상태에서 동일하게 복식으로 호흡하는 것이다. 하품을 한다고 생각하면 쉽다.

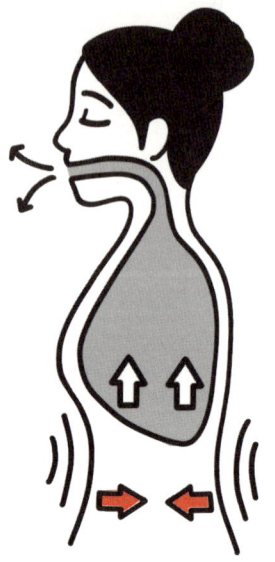

숨을 들이마시면
배가 볼록해진다.

숨을 내쉬면
배가 들어간다.

○ 발성 호흡(하품 호흡)

## 두 번째 재료 : 발성법

좋은 목소리를 만들기 위한 두 번째 재료는 '발성'이다. 발성이란 숨을 내쉴 때 성대를 진동시켜서 목소리를 만들어내는 과정이다. 발성이 좋은 사람은 소리가 맑고 힘이 있다. 거울 앞에서 입을 크게 벌리고 입 안을 자세히 보면 목젖이 보인다. 소리를 낼 때 목젖이 위로 올라가고 연구개가 넓어진 상태를 유지해야 제대로 된 발성이다. 이처럼 목의 아치를 넓히기 위해서는 어떻게 해야 할까?

먼저 하품하듯이 입을 크게 벌리면 연구개가 올라가면서 목의 아치가 동그랗게 열리며 넓어진다. 이 동작이 잘 안 된다면 진짜 하품을 하면서 목구멍을 확인해보는 것도 좋다. 이 상태를 유지하면서 호흡과 함께 소리를 내뱉는다. 동굴 속에서 말하는 것처럼 울림 있는 소리를 내기 위해서는 소리를 낼 때 목의 아치가 작아지지 않도록 열린 상태를 유지해야 한다는 점을 기억하자. 거울을 준비하면 좋다.

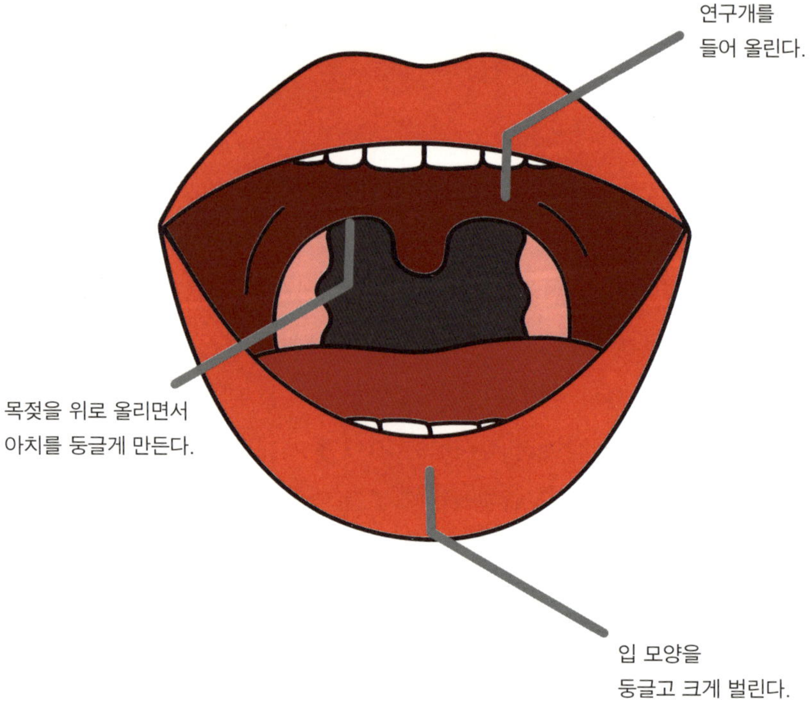

연구개를
들어 올린다.

목젖을 위로 올리면서
아치를 둥글게 만든다.

입 모양을
둥글고 크게 벌린다.

○ 정확한 발성을 위한 입 모양

https://www.youtube.com/watch?v=GbYjUbHv9ec&t =120s
**발성법을 저자의 영상으로 확인하실 수 있습니다.**

## 마스크 공명 발성

유리잔이 깨지는 소리와 좋은 와인잔이 부딪치는 소리는 같은 재료에서 나는 소리임에도 너무나도 다르다. 그 차이는 '울림'에 있다. 유리잔이 깨질 때는 바닥에 부딪혀 한 번에 깨져 버리지만 와인잔은 서로 부딪치며 안에 있는 공기와 와인이 함께 울리게 된다. 좋은 목소리도 이와 마찬가지다. 복식 호흡을 통해 말 그릇에 공기를 담았다면 이제는 공명 발성을 통해 울림을 담아보자. 좋은 목소리의 특징은 '공명이 잘 되는 소리'이다.

좋은 목소리를 가진 연예인을 생각해보면 중저음의 안정적인 톤과 풍성한 울림이 특징이다. 먼저, '아'로 입을 크게 벌린 상태에서 입 안에 공기를 머금으며 혀에 힘을 빼고 입을 살짝 닫아준다. 그런 다음 허밍으로 노래 부르듯이 '음~' 소리를 내보자. 낮은음에서부터 높은음까지 올렸다 내렸다 반복하면서 자신에게 맞는 편안한 톤을 찾아본다. 처음에 소리의 꾸밈 없이 나오는 '음~'톤이 가장 편안한 톤일 것이다.

비강과 입 안, 입술 등 얼굴 전체의 울림을 느껴보고 이번에는 '음~'을 하던 그 상태에서 입만 벌려 '아~' 소리를 내본다. 입을 꽉 다물거나 힘을 주면 안 된다. 입 안이 동굴 속이라 생각하고 혀에 힘을 빼 다시 한번 가볍게 입을 다물면서 공기를 가득 머금고 입술은 살짝 다문 상태로 '함~~' '험~~' 소리를 내본다. 입 주변이 간질거리면서 진동이 느껴질 것이다. 이렇게 공명 발성 훈련을 꾸준히 해서 나만의 목소리를 찾아보자.

https://www.youtube.com/watch?v=3GpjE1rlQF8&t=265s
공명 발성법을 저자의 영상으로 확인하실 수 있습니다.

# 세 번째 재료 : 발음법

좋은 목소리를 만들기 위한 세 번째 재료는 '발음'이다. 혹시 "뭐라고요? 다시 한번 말씀해 주시겠어요?"라는 말을 들어본 적이 있는지 생각해보자. 말할 때 입 안에서 웅얼거리는 소리, 받침 발음을 정확하게 하지 않아 어눌하게 들리는 소리 등 정확하지 않은 발음은 나의 이미지뿐만 아니라 상대방과의 소통에도 악영향을 미친다.

발음은 전문성을 보여줄 수 있는 필수 재료로 꾸준히 연습하다 보면 충분히 변화할 수 있다. 한 자 한 자 소중하게 생각하면서 성실하게 발음을 연습해야 발전할 수 있다는 사실을 잊지 말자.

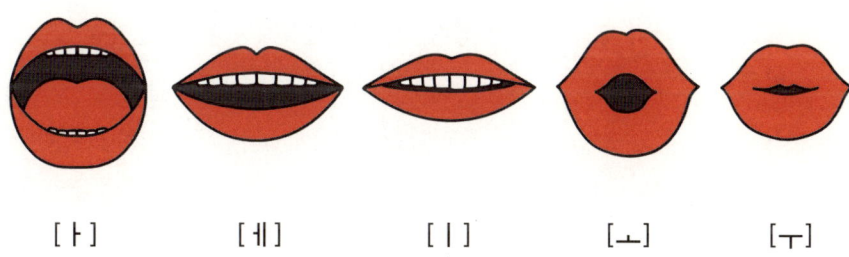

[ㅏ]    [ㅔ]    [ㅣ]    [ㅗ]    [ㅜ]

○ 정확한 발음을 위한 입 모양

VOICE RECIPE

# 3주 완성
# 보이스 레시피

좋은 목소리를 만들기 위한 세 가지 재료인 '호흡·발성·발음'을 다양한 방법으로 체계적인 실습을 진행해보자. 21일 뒤 변화될 나의 모습을 생각하면서 말이다.

노력은 수단이 아니라 그 자체가 목적이다. 노력하는 것 자체에 보람을 느낀다면 누구든지 인생의 마지막 시점에서 미소를 지을 수 있을 것이다.

— 톨스토이

# 보이스 레시피 5분 준비운동

**매일 보이스 훈련 전 5분 동안 준비운동을 진행한다.**

### ✏️ 상체 스트레칭

목소리는 기술과 마음가짐이 중요하다. 몸과 마음의 긴장을 풀어 줘야 편안한 목소리가 나올 수 있다. 가수 옥주현 씨가 한 프로그램에서 과거 성대 결절을 겪었던 사연을 이야기하면서 건강한 목 관리를 위한 스트레칭 방법을 소개했다. 소리를 내는 것은 근육을 사용하는 것이기 때문에 굳어있지 않도록 꾸준히 스트레칭을 해야 한다. 보이스 훈련 전 상체에 힘이 들어가지 않도록 명상 음악과 함께 스트레칭을 해보자.

바른 자세가 좋은 목소리를 만든다는 말이 있다. 자세가 바르지 않으면 목과 허리에 통증이 생기면서 척추 건강에 악영향을 미치게 된다. 구부정한 자세는 근육을 긴장시켜 복식 호흡에 어려움을 줄 뿐만 아니라 성대 주변 근육까지 경직시켜서 좋은 목소리를 내는 발성에도 어려움을 줄 수 있다.

바른 자세를 하기 위해서는 척추를 바로 세워야 하므로 벽에 기대어 서는 자세를 유지한다. 머리, 어깨, 등, 엉덩이가 벽에 닿도록 하고, 발뒤꿈치는 벽에서 5센티

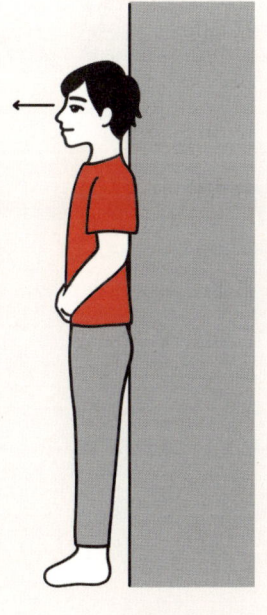

○ 바른 자세

미터 정도만 띄어준다. 턱이 들리지 않도록 주의하면서 시선은 정면을 바라본다.

상체 스트레칭은 일어서서 하는 것도 좋고 앉아서 해도 괜찮다. 복식 호흡을 하면서 아래 그림과 같이 스트레칭을 한다. 총 3세트씩 진행한다.

허리를 세우고, 고개를 아래로 내린 뒤 오른쪽으로 3번, 왼쪽으로 3번 천천히 돌린다.

한 손은 바닥을 짚는다고 생각하고 다른 한 손은 머리를 잡고 오른쪽 어깨쪽으로 누르면서 5초간 유지한다. 왼쪽도 동일하게 진행한다.

양손의 깍지를 끼고 엄지손가락 두 개를 턱에 댄 상태에서 천장을 향해 쭉 올려준다. 이때 어깨가 올라가지 않도록 주의하면서 5초간 유지한다.

오른팔을 앞으로 뻗은 후 왼팔로 오른팔 손목을 안쪽으로 강하게 눌러 5초간 유지한다. 반대쪽도 동일하게 진행한다.

양손을 어깨 위에 올리고 뒤로 5번, 앞으로 5번 돌려주면서 어깨 긴장을 풀어낸다.

허리를 세우고, 양손의 깍지를 낀 상태에서 손바닥이 천장을 향할 수 있도록 쭉 뻗어준다. 이 자세를 5초간 유지한다.

○ 상체 스트레칭

https://www.youtube.com/watch?v=zrz_IQuT9CU
상체 스트레칭을 저자의 영상으로 확인하실 수 있습니다.

## ✏️ 조음기관 스트레칭

경직된 몸과 목 주변 근육을 풀었다면 이제는 발음을 잘하기 위해 조음기관을 풀어줘야 한다. 온몸의 불필요한 힘을 빼고 얼굴 근육, 혀, 입술, 턱, 볼까지 골고루 풀어준다. 입 주변이 부드러워야 발성과 발음을 연습하는 데 수월하다. 몸과 마음의 긴장이 풀리고, 성대 주변의 근육까지 이완될 수 있도록 아래 그림과 같이 스트레칭을 해본다.

입 모양을 크게 움직이면서 [ㅏ], [ㅔ], [ㅣ], [ㅗ], [ㅜ]를 5번 반복한다.

두 입술을 살짝 다물면서 힘을 빼고 '푸르르르르르' 털어준다.

두 뺨을 오른쪽, 왼쪽, 양쪽을 순서대로 5초씩 머물면서 풍선처럼 부풀게 한다.

| 시계 소리인 '똑딱똑딱'을 입 모양을 크게 하면서 10번 반복한다. | 입을 다문 상태에서 혀를 인중부터 오른쪽으로 3번, 왼쪽으로 3번 천천히 돌려준다. | 입을 다문 상태에서 입술을 앞으로 쭉 내밀고 오른쪽으로 3번, 왼쪽으로 3번 천천히 돌려준다. |

## ○ 조음기관 스트레칭

 https://www.youtube.com/watch?v=o8XAgy9ljck&t=111s
조음기관 스트레칭을 저자의 영상으로 확인하실 수 있습니다.

# 21일 좋은 목소리 습관 만들기
# 보이스 캘린더(Voice Calendar)

좋은 목소리는 습관이 중요하다. 호흡, 발성, 발음, 낭독 연습을 완료하고, 연습 후 느낀 점이나 마음속 이야기를 간단하게 작성해보자.

| 1주차 : Day 1 ~ Day 7 |

|  | 날짜 | 호흡 | 발성 | 발음 | 낭독 | 느낀 점 |
|---|---|---|---|---|---|---|
| Day 1 | | | | | | |
| Day 2 | | | | | | |
| Day 3 | | | | | | |
| Day 4 | | | | | | |
| Day 5 | | | | | | |
| Day 6 | | | | | | |
| Day 7 | | | | | | |

2장

# 1주차
Day 1 ~ Day 7

## 💬 1주차 핵심 포인트!

- 목소리 기초체력을 기르기 위한 복식 호흡법 익히기
- 시원하게 뻗어나가는 발성법 훈련을 통해 소리의 힘을 키우기
- 호흡과 발성을 적용하고 조음점을 느끼면서 발음 연습하기
- 힐링이 되는 낭독의 즐거움! 1일 1낭독을 다양한 자세로 연습하기

# 1일(Day 1)

### 🖍 복식 호흡 -
### 누운 자세로 호흡하기

1. 편안한 곳에 누워서 무릎을 세우고 발바닥은 바닥에 닿도록 한다. 다리는 골반 너비로 벌려주고, 바닥에서 뜬 허리가 바닥에 밀착되는 것을 느껴본다.
2. 양손을 배 위에 올려놓고 코로 편안하게 호흡하다가 '내 배가 풍선이다.'라는 생각으로 최대한 아랫배에 집중하면서 들숨과 날숨을 반복해본다.
3. 2-2법칙을 활용해서 복식 호흡에 집중해본다. 시선은 정면 천장을 바라보면서 한곳에 집중하고 코로 2초 동안 숨을 들이마시면서 아랫배를 부풀린다. 정면을 향해 입으로 '후~~' 하고 2초 동안 숨을 뱉으면 아랫배가 들어간다. 이 과정을 10번 반복한다.
4. 4-4법칙을 활용해서 좀 더 깊이 있는 복식 호흡에 집중해본다. 시선은 정면 천장을 바라보면서 한곳에 집중하고 코로 4초 동안 숨을 들이마시면 아랫배가 조금 전보다 더 많이 부푸는 것을 느낄 수 있다. 정면을 향해 입으로 '후~~' 하고 4초 동안 숨을 뱉으며 아랫배가 등 쪽으로 쭉 들어가는 것을 느껴본다. 이 과정을 10번 반복한다.

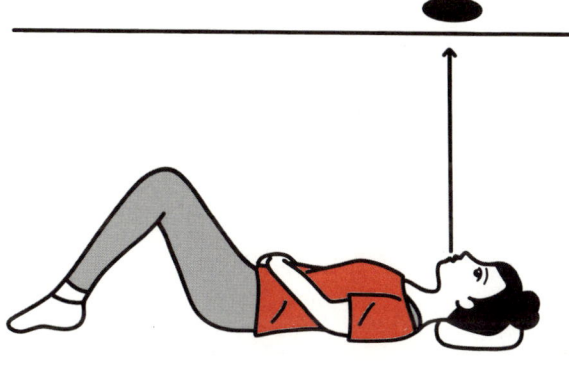

○ 누운 자세로 호흡

다음은 아랫배에 더 강한 자극을 느끼면서 복식 호흡을 해보자. 복식 호흡은 아랫배에 힘이 들어가는 것을 제대로 느끼는 것이 중요하다.

1. 편안한 곳에 누워서 무릎을 세우고 발바닥은 바닥에 닿도록 한다. 바닥에서 뜬 허리가 바닥에 밀착되는 것을 느껴본다. 이제 골반 너비로 벌린 다리를 90도로 들어본다. 아랫배에 힘이 들어가면 어깨가 말리게 되는데 어깨는 말리지 않도록 땅에 밀착한다. 상체에 힘을 빼고 아랫배 힘만 느껴야 한다. 발뒤꿈치를 앞쪽으로 밀어주면서 세우는데, 보통 발레나 요가 등의 운동을 할 때 이 동작을 플렉스라고 한다.
2. 2-2법칙을 활용해서 복식 호흡에 집중해본다. 시선은 정면 천장을 바라보고 코로 2초 동안 숨을 들이마시면서 아랫배를 부풀린다. 2초 동안 입으로 '후~~' 하고 던지듯이 숨을 뱉으면 아랫배

가 들어간다. 이 과정을 10번 반복한다.

3. 4-4법칙을 활용해서 좀 더 깊이 있는 복식 호흡에 집중해본다. 시선은 정면 천장을 바라보고 코로 4초 동안 숨을 들이마시면 아랫배가 조금 전보다 더 많이 부푸는 것을 느낄 수 있다. 4초 동안 입으로 '후~~' 하고 던지듯이 숨을 뱉으면서 아랫배가 등 쪽으로 쭉 들어가는 것을 느껴본다. 이 과정을 10번 반복한다.

○ 다리 들고 호흡

✎ 발성 –
### 누운 자세로 발성하기

1. 하품 호흡으로 워밍업한다. 입을 최대한 크게 벌린 상태에서 하품하듯이 2초 동안 숨을 크게 들이마시고 다시 2초 동안 천장을 향해 호흡을 뱉어준다. 숨을 들이마실 때 목의 아치를 크고 둥글

게 유지하고 입 모양도 작아지지 않도록 하면서 이 과정을 5번 반복한다.

2. 2-2법칙을 활용해서 발성에 집중해본다. 입을 크게 벌려 2초 동안 숨을 들이마신 후 다시 2초 동안 '하~~' 소리를 내면서 발성한다. 숨을 참고 소리를 낸 후 공기를 뱉는 것이 아닌, 공기에 소리가 함께 나와야 한다는 점을 주의해야 한다. 이 과정을 10번 반복한다.

3. 4-4법칙을 활용해서 좀 더 깊이 있는 발성에 집중해본다. 입을 크게 벌려 4초 동안 숨을 들이마시면 아랫배가 조금 전보다 더 많이 부푸는 것을 느낄 수 있다. 4초 동안 입으로 '하~~~~' 하고 천장을 향해 던지듯이 소리를 뱉으면서 호흡이 함께 빠져나와 아랫배가 등 쪽으로 쭉 들어가는 것을 느껴본다. 이 과정을 10번 반복한다.

* 다리를 직각으로 들고 동일한 과정을 반복한다.

○ 누워서 하품 발성    ○ 다리 들고 발성

## ✏️ 발음

정확한 발음을 하기 위해서는 입 모양이 중요하다. 입 모양을 크게 하면서 아치를 개방하는 'ㅎ'은 조음 위치로는 목구멍소리로 모음 위치에 따라 소리가 달라진다. 오늘은 하품하듯이 입을 크게 벌려서 '하' 발음을 내보자.

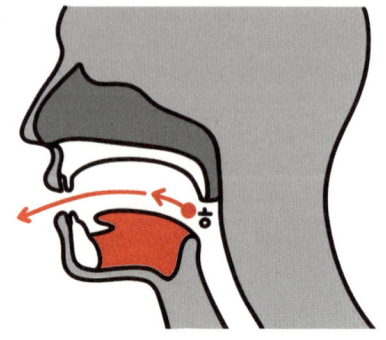

○ 'ㅎ' 조음점

## 📖 단어 낭독하기 - 'ㅎ' 발음하기

하하하 허허허 호호호 후후후 흐흐흐 히히히

하객 하교 하나 하늘 하단 하등 하루 하류 하마 하복 하사

하수 하지 하직 하차 하천 하키 하트 하품 하프 하모니카

## 📖 짧은 문장 낭독하기

미세먼지 가득한 하늘을 올려다보니 맑고 청명한 하늘이 그립다.
           가드칸 하느를         말꼬        하느리

오늘도 건:강하고 행:복한 하루를 보내야겠다.
               행:보칸

갑자기 하마가 물을 마신다.
              무를

옆 사:람이 하품을 하면 본능적으로 나도 하품을 하게 된다.
    사:라미 하푸믈                   하푸믈

하고 싶은 것을 하기 위해서는 할 수 있다고 생각하자.
    시픈 거슬                     생가카자

## 🎧 힐링이 되는 낭독의 즐거움 :
누운 자세로 천장을 향해 책을 들고 낭독해보자

인사법에서 가장 보편적으로 쓰이는 것이 악수다. 이는 전 세:계
인사뻐베서        보편저그로              악쑤
공통의 인사법이다. 악수의 시:초에 대한 설 중에 고대 로마 집정관인
        인사뻐비다. 악쑤에                        집쩡과닌
카이사르 얘기가 있다. 율리우스 카이사르가 오른손으로 악수하는
                                        오른소느로 악쑤
인사법을 장군들에게 가르쳤다.
인사뻐블 장군드레게 가르쳐따
  당시는 칼로 싸우던 시대이고, 칼은 오른손으로 쥐는 게 보:편적이
                    카른 오른소느로
다보니 오른손을 내밀어 자기 손에 무기가 없:음을 보여주고 상대와
        오른소늘 내미러     소네     업:쓰믈
싸울 의:사가 없:음을 나타내는 것이 악수가 시:작된 유래라는 것이다.
            업:쓰믈     거시 악쑤           거시다

-《언컨택트(Uncontact)》중에서

https://www.youtube.com/watch?v=vF4zu5AbSoA&t=189s
힐링이 되는 낭독의 즐거움 예문을 저자의 낭독법으로 확인하실 수 있습니다.

　1일 차 훈련을 모두 마친 여러분들은 처음 해보는 방법과 다양한 자세들이 어색하게 느껴질 수도 있다. 하지만 이제부터 매일 하루도 빠짐없이 연습한다면 분명 자연스럽게 익숙해질 것이다. 긴 글뿐만 아니라 짧은 문장을 낭독하는 것조차 어려워하시는 분들이 있다. 그래서 좀 더 쉽고 편안하게 낭독할 수 있는 낭독법을 영상으로 제작했다. 앞으로의 훈련에 위 영상을 참고해서 연습해보길 바란다.

## 2일(Day 2)

**복식 호흡 -
고릴라 자세로 호흡하기**

복식 호흡은 상체에 힘이 들어가지 않아야 하기 때문에 상체 힘이 빠지고 배에 힘이 들어가는 고릴라 자세로 복식 호흡을 느껴보자.

1. 다리를 골반 너비로 벌리고 머리부터 팔까지 서서히 힘을 빼면서 팔을 늘어뜨리고 상체를 숙일 수 있을 만큼 숙여준다.
2. 뒤로 빠진 엉덩이를 살짝 앞으로 하고 엄지발가락에 힘을 주면서 상체를 지탱한다. 팔을 좌우로 흔들면서 상체 힘을 뺀다.
3. '내 배가 풍선이다.'라는 생각으로 코로 숨을 2초 동안 들이마시면서 아랫배를 부풀린다. 바닥을 향해 입으로 '후~~' 하고 2초 동안 숨을 뱉으면 아랫배가 들어간다. 이 과정을 10번 반복한다.

허리가 좋지 않은 분들은 책상 위나 의자에 손을 올려놓고 해도 괜찮다. 상체에 힘을 빼는 것이 가장 중요하다.

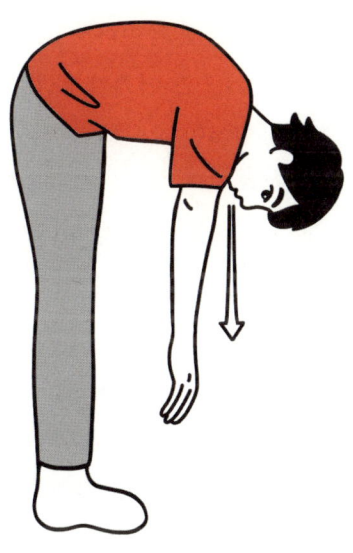

○ 고릴라 자세로 호흡

### ✏️ 발성 –
### 고릴라 자세로 하품 발성하기

1. 하품 호흡으로 워밍업한다. 입을 최대한 크게 벌린 상태에서 하품하듯이 2초 동안 숨을 크게 들이마시고 다시 2초 동안 바닥을 향해 호흡을 뱉어준다. 가슴과 어깨가 들썩거리지 않고, 입 모양이 작아지지 않도록 유의하면서 이 과정을 5번 반복한다.
2. 이어서 동일하게 하품을 하듯 2초 동안 숨을 들이마신 후 다시 2초 동안 바닥을 향해 '하~~' 소리를 낸다. 숨을 참고 소리를 낸 후 공기를 뱉는 것이 아닌 공기에 소리가 함께 나와야 한다는 점을 주의해야 한다. 10번 반복한다.
3. 4-4법칙을 활용해서 좀 더 깊이 있는 발성에 집중해본다. 입을 크게 벌려 4초 동안 숨을 들이마시면 아랫배가 조금 전보다 더 많이 부푸는 것을 느낄 수 있다. 4초 동안 바닥을 향해 '하~~~~' 하고 숨을 뱉으면서 아랫배가 등 쪽으로 쭉 들어가는 것을 느껴본다. 10번 반복한다.

* 2-2법칙으로 입 모양에 유의하며 발성하기(2초 마시고 2초 뱉기).
가~~ 나~~ 다~~ 라~~ 마~~ 바~~ 사~~
아~~ 자~~ 차~~ 카~~ 타~~ 파~~ 하~~

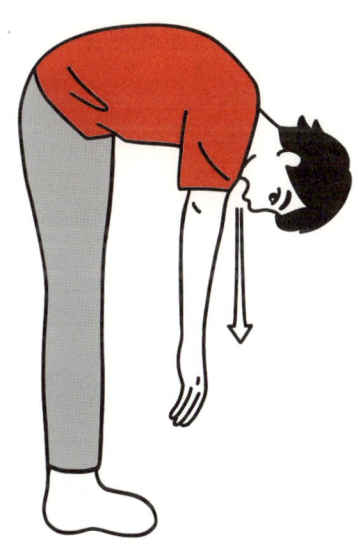

○ 고릴라 자세로 발성

## ✏️ 발음

발음을 정확히 하기 위해서는 최대한 입 모양을 크게 하는 것이 중요하다. 평소에 이 점을 굉장히 강조하는데 교육생들을 보면 자신들이 생각하는 것만큼 입이 크게 벌어지지 않기 때문이다. 분명 입을 크게 벌리면서 발음한다고 생각했는데 녹화 후 모니터링을 하면 놀라는 분들이 꽤 많다. 입이 아플 정도로 크게 벌리면서 움직이는 연습을 해보자. 대신 입에 너무 힘이 들어가면 안 된다는 점도 유의해야 한다.

## 📖 단어 낭독하기-
### 'ㄱ' 'ㄲ' 'ㅋ' 발음하기

오늘은 자음 'ㄱ' 'ㄲ' 'ㅋ' 발음을 연습해보자. 'ㄱ'은 혀뿌리가 연구개에 닿으면서 구강에서 소리가 난다. 혀를 이 조음점에 두고 힘을 주게 되면 된소리 'ㄲ'이 되고, 공기를 강하게 뱉으면서 발음하면 거센소리 'ㅋ'이 된다. 조음점의 위치를 느끼면서 발음해보자.

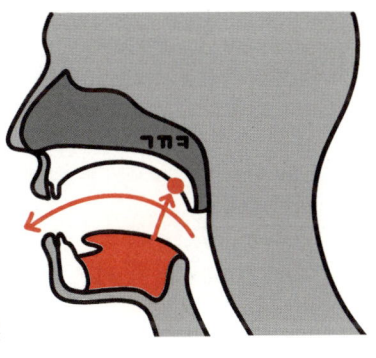

○ 'ㄱ' 'ㄲ' 'ㅋ' 조음점

가 거 고 구 그 기 까 꺼 꼬 꾸 끄 끼 카 커 코 쿠 크 키

가 까 카 거 꺼 커 고 꼬 코 구 꾸 쿠 그 끄 크 기 끼 키

가곡 가구 가난 가로 거울 거위 고기 고난 교사 교회 구경

구두 구름 구상 구조 그릇 그림 기자 기구 까마귀 까치

깜짝 깡충깡충 깨닫다 깻잎 껍데기 껍질 꼬리 꼬부랑길

꼭짓점 꽃다발 캠핑 캠페인 커피

## 📖 짧은 문장 낭독하기

귀여운 강아지 한 마리가 개울가를 건너고 있다.
　　　　　　　　　　개울까　　　　  읻따
거위가 거울을 보며 고개를 갸우뚱한다.
　　　　거우를
많:은 사:람들은 기적을 바라며 하루를 기적같이 살아간다.
마:는 사:람드른 기저글　　　　　 기저까치 사라간다
까까머리 아저씨가 까마귀를 보고 깜짝 놀랐다.
　　　　　　　　　　　　　　　　 놀라따
토끼가 꽃밭에서 깡충깡충 뛰다가 꼬부랑길로 들어갔다.
　　　  꼳빠테서　　　　　　 꼬부랑낄　드러가따
캐나다에서 캠핑을 하며 커피 한 잔을 마시니 꿈만 같았다.
　　　　　　　　　　　　　자늘　　　　 가타따

## 🎧 힐링이 되는 낭독의 즐거움 :
### 고릴라 자세로 양다리 사이에 책을 내려놓고 낭독해보자

　　나와 남과의 거:리는 한 뼘도 멀다. 김춘수 시인의 말대로 내가
　　　　　　　　　남과에
이름을 불러주기 전까지는 꽃도 꽃이 아니다. 의미를 두지 않은 타인은
　　이르믈　　　　　　　꼳또 꼬치　　　　　　　안는 타이는
사:물과도 같다. 손을 내밀거나 말:을 걸어서 그 거:리를 좁혔을 때 관
　　　　　　　소늘　　　마:를 거러서　　　　　조펴쓸
계가 생기고 내 삶:에 영향을 끼치는 존재가 된다. 이때 가장 중:요한
　　　　　　　　살:메
요소가 언어, 말:이나 글이다.
　　　　　　어너  마:리나 그리다

-《퇴근길 인문학 수업》중에서

https://www.youtube.com/watch?v=M5w_lUV6gtw&t=344s
힐링이 되는 낭독의 즐거움 예문을 저자의 낭독법으로 확인하실 수 있습니다.

# 3일(Day 3)

### ✏️ 복식 호흡 - 선 자세로 호흡하기

누운 자세와 고릴라 자세로 하는 복식 호흡이 조금은 익숙해졌다면 거울 앞에 바르게 서서 연습해보자. 잘되지 않아도 좋다. 꾸준히 하면서 익숙해지는 것이 중요하다.

1. 상체의 불필요한 힘을 빼고 다리를 골반 너비로 벌린다.
2. 척추를 곧게 세우고 어깨도 뒤로 돌려 내려주면서 곧게 편다.
3. 한 손은 아랫배, 한 손은 가슴에 두고 시선은 거울 속 정면 아랫배 쪽을 향한다.
4. 코로 숨을 들이마시고 '하~~' 하고 뱉어준다. 이 과정을 자연스럽게 10번 반복한다.

### 2-2법칙으로 복식 호흡하기

2초 동안 코로 숨을 들이마시고 다시 2초 동안 입으로 숨을 뱉어준다.

### 4-4법칙으로 복식 호흡하기

4초 동안 코로 숨을 들이마시고 4초 동안 입으로 숨을 뱉어준다.

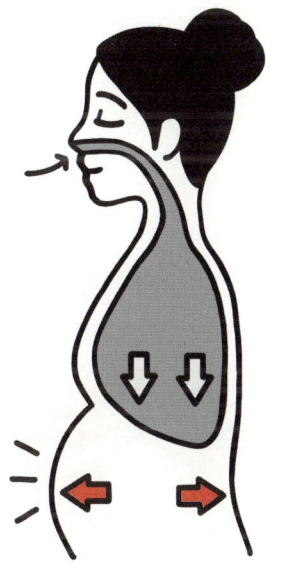

코로 숨을 들이마시면서
배가 나온다.

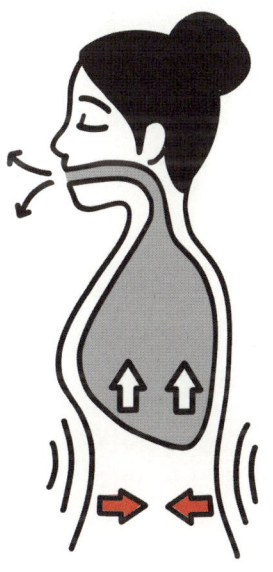

입으로 숨을 뱉으면서
배가 들어간다.

✏️ **발성 –**

### 선 자세로 하품 발성하기

1. 하품 호흡으로 워밍업한다. 입을 최대한 크게 벌린 상태에서 하품하듯이 2초 동안 숨을 크게 들이마시고 다시 2초 동안 정면을 향해 호흡을 뱉어준다. 입 모양이 작아지지 않도록 크게 유지하면서 5번 반복한다.
2. 이어서 동일하게 하품을 하듯 2초 동안 숨을 들이마신 후 '하~~' 하며 4초 동안 발성한다. 공기에 소리가 함께 나와야 한다는 점을 주의해야 한다. 만약 가슴이 답답하다면 호흡을 하지 않고 숨을 참았기 때문이다.

**하품 발성 2-2법칙**

2초 동안 숨을 들이마시고 2초 동안 '하~~' 하품 발성하기.

**하품 발성 2-4법칙**

2초 동안 숨을 들이마시고 4초 동안 '하~~' 하품 발성하기.

**2-2법칙으로 입 모양에 유의하며 발성하기**

가~~ 나~~ 다~~ 라~~ 마~~ 바~~ 사~~
아~~ 자~~ 차~~ 카~~ 타~~ 파~~ 하~~

○ 선 자세로 호흡

## ✎ 발음

### 📖 단어 낭독하기 - 'ㄴ' 발음하기

오늘은 'ㄴ' 발음을 연습해보자. 'ㄴ'은 혀의 앞부분이 윗잇몸에 닿아서 입 안 공기의 흐름을 막아 코를 울리면서 내는 소리이다. 성대와 코의 울림을 느끼면서 소리를 내보자.

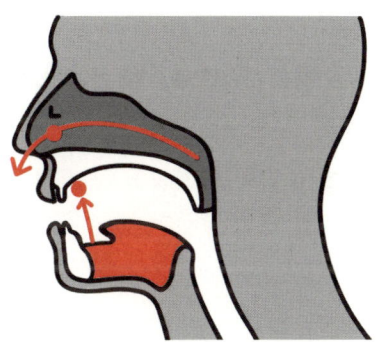

○ 'ㄴ' 조음점

나 나 나  너 너 너  노 노 노  누 누 누  느 느 느  니 니 니

나눔 나라 나루 나리 나무 나방 내년 내란 내륙 내막 내용

너머 너비 너트 노력 노령 노을 노트 노점 노화 누에 느낌

📖 **짧은 문장 낭독하기**

노랑나비 한 마리가 꽃밭에 앉았다가 달콤한 향기에 취했다.
　　　　　　　　　꼳빠테 안자따가 달코만　　　취해따
나눔을 실천하는 사:람들이 있어 세:상이 아름답다.
나누믈　　　　사:람드리 이써　　　아름답따
노래를 잘 부르기 위해서는 복식 호흡을 잘해야 한다.
　　　　　　　　　복식 호흐블
노트 작성을 열심히 하면 성적 향:상에도 도움이 될 것이다.
　　　작썽을 열씨미　　　　　　도우미　거시다
노화를 예:방하기 위해서는 충분한 노력이 필요하다.
　　　　　　　　　　　노려기 피료하다

🎧 **힐링이 되는 낭독의 즐거움 :**
### 바르게 선 자세로 거울 앞에 서서 책을 들고 낭독해보자

모든 피로와 스트레스는 과거와 미래에서 비롯된다.
비롣된다
지난 일에 연연하고 앞으로 일어날 일에 불안해하는 데서
이례 여년하고 아프로 이러날 이례 부란해
시:작된다. 여기에서 벗어나고 싶다면 평:가나 판단을 더하지 않고
버서나고 십따면 평:까  판다늘  안코
지금 여기의 경험에 능동적으로 집중해야 한다.
여기에 경허메 능동저그로 집쭝

- 《최고의 휴식》 중에서

https://www.youtube.com/watch?v=cvufnWN1LRA&t=91s
힐링이 되는 낭독의 즐거움 예문을 저자의 낭독법으로 확인하실 수 있습니다.

# 4일(Day 4)

### ✏️ 복식 호흡 – 앉은 자세로 호흡하기

앉아서 업무를 보거나 공부할 때도 복식 호흡을 습관화하자.

1. 상체의 불필요한 힘을 빼고 다리를 골반 너비로 벌려서 앉는다.
2. 다리가 직각이 되도록 앉은 뒤 한 손은 아랫배, 한 손은 가슴에 두고 시선은 정면을 향한다.
3. 코로 2초 동안 숨을 들이마시고 입으로 4초 동안 '후~~' 하고 앞으로 던져내듯이 뱉어준다. 10번 반복한다.
4. 이어서 입을 살짝 벌려 2초 동안 숨을 들이마시고 4초 동안 '하~~' 하고 앞으로 던져내듯이 뱉어준다. 10번 반복한다.

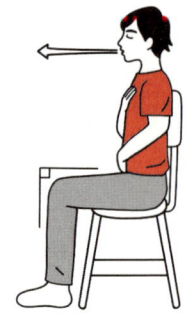

코로 숨을 마시고
입으로 '후~~~~'
숨을 뱉어준다.

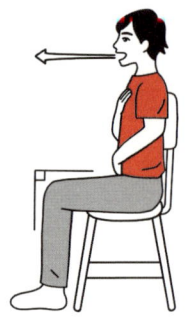

입을 살짝 벌려서 숨을 마시고
입으로 '하~~~~'
숨을 뱉어준다.

### 발성 –
### 앉은 자세로 하품 발성하기

하품 호흡으로 워밍업한다. 입을 최대한 크게 벌린 상태에서 하품하듯이 2초 동안 숨을 크게 들이마시고 2초 동안 정면을 향해 호흡을 뱉어준다. 입 모양이 작아지지 않도록 유의하면서 이 과정을 5번 반복한다.

이어서 하품하듯 2초 동안 숨을 들이마신 후 2초 동안 '하~~' 소리를 내면서 발성한다. 숨을 참고 소리를 낸 후 공기를 뱉는 것이 아닌, 공기에 소리가 함께 나와야 한다는 점을 주의해야 한다.

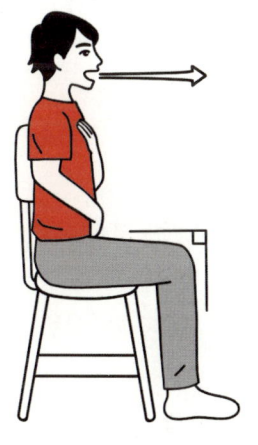

**2초 동안 입으로 숨을 들이마시고 2초 동안 하품 발성하기.**

가~~ 나~~ 다~~ 라~~ 마~~ 바~~ 사~~
아~~ 자~~ 차~~ 카~~ 타~~ 파~~ 하~~

○ 하품 발성

## ✏️ 발음

### 📖 단어 낭독하기 - 'ㄷ' 'ㄸ' 'ㅌ' 발음하기

오늘은 자음 'ㄷ' 'ㄸ' 'ㅌ' 발음을 연습해보자. 'ㄷ'은 '혀끝과 혀 양쪽이 균일하게 납작해진 상태로 치조에 닿았다가 구강에서 나는 소리이다. 혀끝을 치조에 대어 세게 힘을 주게 되면 된소리 'ㄸ'이 되고, 공기를 앞으로 강하게 내뿜으면서 발음하면 거센소리 'ㅌ'이 된다. 조음점의 위치를 느끼면서 발음해보자.

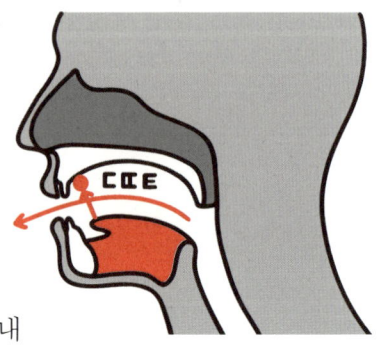

○ 'ㄷ' 'ㄸ' 'ㅌ' 조음점

다 따 타 더 떠 터 도 또 토 두 뚜 투 드 뜨 트 디 띠 티

다듬질 다락 다람쥐 다래 다리 다시 따옴표 딱따구리 땅콩

뚜껑 뛰다 뜬구름 뜰채 타래 타이밍 타임머신 탁구 탄산수

## 📖 짧은 문장 낭독하기

다리 위에 다람쥐가 두더지를 만나 드럼을 두드리는 장면.
            드러믈

돌다리도 두드려보고 건너는 셈 치고 다시 생각해보자.
              생가케

도:덕적인 행동을 하는 아이들은 대:부분 행:복하다.
         아이드른    행:보카다

딱따구리가 큰 나무에 구멍을 내어 벌레를 잡아먹었다.
              자바머겄따

따듯한 침대에서 따뜻이 데운 우유 한 잔을 마시니 마음이 따듯해졌다.
따드탄   따뜨시     자늘   마으미 따드태

태권도를 다녀오니 배가 고파 탕수육과 탄산수를 먹었다.
태꿘도              머겄따

태극기가 뜨거운 태양 아래에서 휘날린다.
태극끼

## 🎧 힐링이 되는 낭독의 즐거움 :
### 앉은 자세로 정면을 향해 책을 들고 낭독해보자

원:하던 직장에 출근하던 첫날의 기쁨, 새 학기가 시:작되는 첫날의
　　　　　천나레　　　　　　　　　　　　천나레
흥분, 손꼽아 기다리던 휴가 첫날의 설렘은 우리를 누구의 도움 없:이
　　　손꼬바　　　　　천나레　　　　　　누구에　　업:씨
아침에 눈뜨게 한다. 신나서 일어났던 그날 아침의 기억을 되살려보
아치메　　　　　　　이러났던　　　아치메 기어글
자. 어떤 기분이었는가? 침대에서 몸을 억지로 끌어내야 했던가? 내
　　　　　　　　　　　　　　　　　모믈　　　　　　해떤가
예:상이 맞다면 아마 새벽부터 깨어있었을 것이다. 알람이 울리기도
　　　　　맏따면　　　　　　　　　이써쓸 거시다　알라미
전에 이미 하루를 시:작할 준:비가 되어있었을 것이다. 참고로 내 인
저네　　　　　　　　　　　　　　이써쓸 거시다
생에서 가장 신나게 일어났던 아침은 어린 시절 크리스마스 아침이었다.
　　　　　　　　　이러나떤 아치믄　　　　　　　아치미어따
그렇다면 하루하루가 크리스마스 같다면, 어떻게 될까?
그러타면　　　　　　　　　　갇따면 어떠케

　　　　　　　　　　　　　　　　　　　　　-《미라클 모닝》중에서

https://www.youtube.com/watch?v=KxgGzJxYcmM&t=304s
힐링이 되는 낭독의 즐거움 예문을 저자의 낭독법으로 확인하실 수 있습니다.

## 5일(Day 5)

### ✏ 복식 호흡 –
### 걷기 운동 자세로 호흡하기

복식 호흡을 습관으로 바꾸기 위해서는 언제 어디에서나 자연스럽게 연습해야 한다. 특히 운동이나 산책을 할 때 복식 호흡을 적용해서 한다면 에너지 소비도 많이 되고 습관으로 만들기에도 좋다. 다리와 함께 팔도 위아래로 흔들면서 호흡과 박자를 잘 맞춰보자. 집 안에서 제자리걸음을 해도 좋다.

| 4초 동안 입으로 숨을 들이마시고 4초 동안 '후~~~~~' 하고 뱉어준다. | 빠르게 걷기나 달리기를 한다면 2초 동안 입으로 숨을 들이마시고 2초 동안 '후~~~~~' 하고 뱉어준다. |

○ 걷기 운동 자세로 호흡

https://www.youtube.com/watch?v=bdzXHnbOl98

걷기 운동 자세로 복식 호흡하는 방법을 저자의 영상으로 확인하실 수 있습니다.

### 🖍 발성 –
### 걷기 자세로 하품 발성하기

하품 호흡으로 10번 워밍업한다. 러닝머신이나 걷기 운동, 제자리 걸음을 하면서 하품 발성을 시작해본다. 소리를 내야 하기 때문에 집에서 하는 것을 추천한다. 하품하듯 2초 동안 숨을 들이마신 후 다시 4초 동안 '하~~' 소리를 내면서 발성한다. 아랫배가 나왔다가 들어가는 것을 느끼면서 반복한다.

### 하품 발성 2-4법칙
2초 동안 숨을 들이마시고 4초 동안 하품 발성하기.

### 하품 발성 4-6법칙
4초 동안 숨을 들이마시고 6초 동안 하품 발성하기.

| 가~~~~ | 아~~~~ |
| 나~~~~ | 자~~~~ |
| 다~~~~ | 차~~~~ |
| 라~~~~ | 카~~~~ |
| 마~~~~ | 타~~~~ |
| 바~~~~ | 파~~~~ |
| 사~~~~ | 하~~~~ |

## ✏️ 발음

### 📖 단어 낭독하기 – 'ㄹ' 발음하기

오늘은 자음 'ㄹ' 발음을 연습해보자. 'ㄹ'은 혀끝이 치조에 가볍게 닿았다가 혀를 뒤로 굴려서 내는 소리이다. 조음점의 위치를 느끼면서 발음해보자.

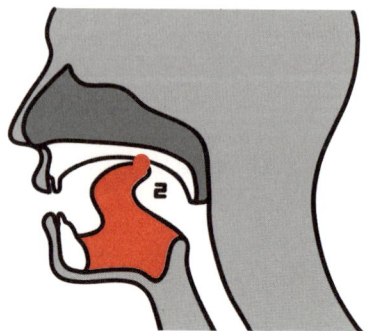

○ 'ㄹ' 조음점

라라라라라  러러러러러  로로로로로  루루루루루  르르르르르

리듬  리면  리일락  리시아  로고  로바  로봇  로선  로켓  누버

루비  르네상스  르포  리뉴얼  리더  리듬  리본  리튬  리스닝

## 📖 짧은 문장 낭독하기

르네상스 시대의 유명한 라단조 교향곡.
　　　　　시대에　　　라단쪼
라면을 맛있게 먹는 방법은 다양하다.
　　　　　마시께 멍는 방버븐
초여름이면 옆집 담에는 탐스러운 라일락이 한가득 피고는 했다.
초여르미면 엽찝 다메는　　　라일라기　　　　헨따
진정한 리더가 갖춰야 할 리더십에 대해 생각해보자.
　　　　　　갇춰야　리더시베　생가케보자
리듬은 일정한 규칙에 따라 반:복되는 움직임이다.
리드믄 일쩡한 규치게　　　　움지기미다

## 🎧 힐링이 되는 낭독의 즐거움 :
### 선 자세로 정면을 향해 책을 들고 낭독해보자

핀란드 아이들은 학교에 가서도 공부를 하지 않습니다. 대:신 책
            아이드른 학꾜

에 대해 배웁니다. 핀란드의 학교 수업 중에는 도서관 사서가 진행하
                    학꾜

는 책 수업이 따로 있습니다. 아이들에게 책을 읽어주고, 좋:은 책 고
              읻씀니다 아이드레게    일거      조:은

르는 법, 책을 재미있게 읽는 법 등을 가르쳐주지요. 이렇게 사서에게
          재미읻께 잉는                 이러케

배운 독서법으로 학교 수업을 합니다. 선생님들은 수업 과제를 내준
   독써뻐브로 학꾜           선생님드른

후 아이들을 도서관에 데려가서 관련된 책이나 잡지, 신문 등을 스스
    아이드를               괄련된

로 찾아 읽게 합니다. 그리고 그렇게 읽은 내:용을 토대로 발표 토론
   차자 읽께             일근

수업을 합니다. 대:부분의 수업이 이런 식으로 진:행됩니다. 독서가

수업이고, 수업이 독서인 셈입니다. 핀란드의 그 유명한 교:육 철학인

'가르치지 않을수록 더 많:이 배운다.' 는 이런 방식으로 구현됩니다.
안을쑤록     마:니            방시그로

- 《공부머리 독서법》 중에서

https://www.youtube.com/watch?v=olueygUTBzM&t=88s
힐링이 되는 낭독의 즐거움 예문을 저자의 낭독법으로 확인하실 수 있습니다.

# 6일(Day 6)

### ✎ 복식 호흡 - 스타카토로 강하게 호흡하기

스타카토 복식 호흡법은 복부 근육을 강하게 수축하면서 짧게 끊어 호흡하는 것이다. 배만 나왔다 들어갔다 움직이는 것이 아니라 공기를 빠르게 마시고 뱉으면서 자연스럽게 수축과 이완이 될 수 있도록 호흡에 집중한다.

입을 살짝 벌린 상태에서 1초 동안 빠르게 숨을 들이마시고 1초 동안 빠르게 뱉어낸다.

소리는 내는 것이 아닌 호흡으로만 뱉어낸다.

하! 하! 하! 하! 하! 하! 하! 하! 하! 하!
허! 허! 허! 허! 허! 허! 허! 허! 허! 허!
호! 호! 호! 호! 호! 호! 호! 호! 호! 호!
후! 후! 후! 후! 후! 후! 후! 후! 후! 후!
흐! 흐! 흐! 흐! 흐! 흐! 흐! 흐! 흐! 흐!

○ 스타카토 호흡

## ✏️ 발성 –
### 스타카토로 강하게 발성하기

스타카토 복식 호흡과 동일하게 복부 근육을 강하게 수축하면서 호흡과 소리를 앞으로 뱉어낸다. 입 모양을 크게 움직이면서 짧게 끊어 발성한다.

하! 하! 하! 하! 하! 하! 하! 하! 하! 하!
허! 허! 허! 허! 허! 허! 허! 허! 허! 허!
호! 호! 호! 호! 호! 호! 호! 호! 호! 호!
후! 후! 후! 후! 후! 후! 후! 후! 후! 후!
흐! 흐! 흐! 흐! 흐! 흐! 흐! 흐! 흐! 흐!

스타카토 발성으로 한 음절씩 강하게 짧게 끊어서 발성한다.

○ 스타카토 발성

학! 교! 종! 이! 땡! 땡! 땡!
어! 서! 모! 이! 자!
선! 생! 님! 이! 우! 리! 를!
기! 다! 리! 신! 다!

## ✏️ 발음

### 📖 단어 낭독하기 -
### 'ㅁ' 발음하기

오늘은 자음 'ㅁ' 발음을 연습해보자.

'ㅁ'은 두 입술을 다물었다가 벌리면서 입 안의 공기가 코로 빠져나와 목청을 울려서 내는 소리이다. 입술소리인 'ㅁ'을 제대로 발음하기 위해서는 두 입술이 부딪히는 것을 느껴야 한다.


마마마마마    머머머머머    모모모모모    무무무무무    므므므므므

마개  마당  마루  마술사  머리  머슴  머위  모금  모내기  모니터

모습  무게  무궁화  미간  미국  미꾸라지  미로  미술  미지수

### 📖 짧은 문장 낭독하기

마술사를 꿈꾸는 학생들이 마술을 배우고 있다.
마술싸      학쌩드리 마수를      인따
무궁화의 꽃말은 섬세한 아름다움과 일편단심, 끈기이다.
무궁화에 꼰마른
미술을 배우면 창:의성이 높아진다.
미수를      창:의썽 / 창:이썽    노파
마음이 아파 머루포도로 만든 와인을 마셨다.
                    와이늘 마셔따

## 🎧 힐링이 되는 낭독의 즐거움 :
### 스타카토로 한 자 한 자 정확하게 뱉어내면서 낭독해보자

옛:날 옛:적에 세모와 동그라미가 살:았습니다. 둘은 언덕에서 구르
옌:날 옌:쩌게　　　　　　　　　사:라씀니다 두른 언더게서
는 시합을 자주 했는데 동그라미가 세모보다 늘 빨리 내려갔습니다.
　시하블
세모는 동그라미가 부러웠습니다. 그래서 달라지기로 했:습니다. 동
　　　　　　　　　　　　　　　　　　　　　　　　해:씀니다
그라미를 이기기 위해 언덕에서 끊임없이 구르고 또 굴렀습니다. 어
　　　　　　언더게서 끄니멉씨
느새 세모의 모서리는 둥글게 다듬어졌습니다. 이제 동그라미와 비슷한
　　세모에　　　　　　　　　　　　　　　　　　　　　비스탄
빠르기로 언덕길을 내려갈 수 있게 됐:습니다.
　언덕끼를
　　하지만 천:천히 구를 때 잘 보이던 언덕 주변 풍경을 제대로 감상

할 수 없:었고, 구르는 일을 쉽게 멈출 수도 없:었습니다. 세모는 열심히
업:써꼬　　　　　　　　　　업:썼습니다　　　　　　열씸히
구른 시간이 아까웠습니다. 시간을 되돌려 과거로 돌아가고 싶었습니
　　　　　　　　　　　　　　　　　　도라가고 시펐
다. 하지만 어쩔 도리가 없:었습니다. 겉모습이 거의 동그라미로 변해
　　　　　　　　　업:썼습니다 건모스비 거이

버렸기 때문에 두 번 다시 세모로 돌아갈 수 없:었습니다.

업:썼습니다

-《언어의 온도》중〈동그라미가 되고 싶었던 세모〉

https://www.youtube.com/watch?v=8efzjlNxT3w&t=9s
힐링이 되는 낭독의 즐거움 예문을 저자의 낭독법으로 확인하실 수 있습니다.

## 7일(Day 7)

### ✏️ 복식 호흡 -
### 복부 근육을 활용해 호흡하기

말을 하고 나면 목에 통증을 느끼거나 목소리가 쉽게 쉬고 갈라져서 힘들어하는 분들이 많다. 평소 복식 호흡과 발성이 익숙하지 않아 목을 눌러서 소리를 내기 때문이다. 다시 말해 잘못된 말하기 습관으로 인해 목을 상하게 하는 교육생분들을 많이 봐왔다. 이제는 온몸에 힘이 들어가지 않도록 복부 근육을 사용한 복식 호흡으로 더 풍성하고 힘 있는 소리를 내보자.

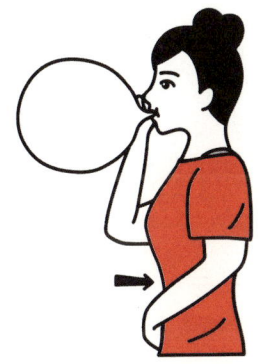

○ 복부 근육 호흡

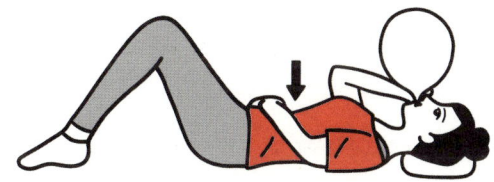

1. 바르게 선 자세로 다리를 골반 너비로 벌린다.
2. 숨을 입으로 크게 들이마셔서 배가 나오면, 풍선에 공기를 불어 넣어 아랫배를 쭉 끌어당겨 준다. 홀쭉해진 배에 다시 숨을 크게 들이마시고, 풍선에 공기를 불어 넣어준다. 누워서도 진행해본다.

## ✏️ 발성 –
### 복부 근육을 활용해 발성하기

이번에는 앉아서 할 수 있는 동작을 해보자. 의자에 앉아 허리를 세우고 까치발 들기를 하면 자연스럽게 복부에 힘이 들어간다. 이 상태에서 입 모양을 크게 하며 강한 발성을 해보자. 또한 양발을 천천히 들어 올려 복부에 더 강한 자극을 느끼면서 발성해보자.

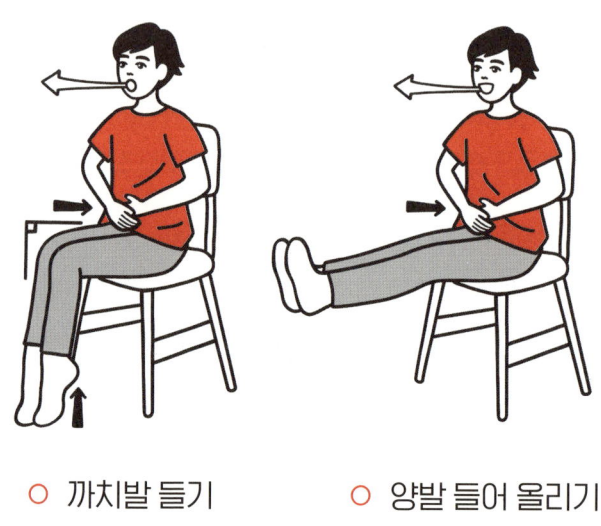

○ 까치발 들기　　　○ 양발 들어 올리기

1초 동안 입을 크게 벌려 숨을 들이마시고 1초 동안 빠르게 내쉰다.

하! 하! 하! 하! 하! 하! 하! 하! 하! 하!
핫! 핫! 핫! 핫! 핫! 핫! 핫! 핫! 핫! 핫!
헛! 헛! 헛! 헛! 헛! 헛! 헛! 헛! 헛! 헛!

1초 동안 입을 크게 벌려 숨을 들이마시고 1초 동안 빠르게 '하! 하! 하! 하!' 내쉰 다음 5초 동안 길게 '하~~~~~' 내쉰다. (10번 반복)
하! 하! 하! 하! 하~~~~~ (5초) 허! 허! 허! 허! 허~~~~~ (5초)

자모음을 활용해 복근 발성을 해보자.

### ✎ 자모음 발음 연습표

가! 갸! 거! 겨! 고! 교! 구! 규! 그! 기!
나! 냐! 너! 녀! 노! 뇨! 누! 뉴! 느! 니!
다! 댜! 더! 뎌! 도! 됴! 두! 듀! 드! 디!
라! 랴! 러! 려! 로! 료! 루! 류! 르! 리!
마! 먀! 머! 며! 모! 묘! 무! 뮤! 므! 미!
바! 뱌! 버! 벼! 보! 뵤! 부! 뷰! 브! 비!
사! 샤! 서! 셔! 소! 쇼! 수! 슈! 스! 시!
아! 야! 어! 여! 오! 요! 우! 유! 으! 이!
자! 쟈! 저! 져! 조! 죠! 주! 쥬! 즈! 지!
차! 챠! 처! 쳐! 초! 쵸! 추! 츄! 츠! 치!
카! 캬! 커! 켜! 코! 쿄! 쿠! 큐! 크! 키!
타! 탸! 터! 텨! 토! 툐! 투! 튜! 트! 티!
파! 퍄! 퍼! 펴! 포! 표! 푸! 퓨! 프! 피!
하! 햐! 허! 혀! 호! 효! 후! 휴! 흐! 히!

## ✎ 발음

평소 말할 때 나의 입 모양을 잘 아는 것이 중요하다. 발음할 때는 입을 하품하듯이 크게 벌리는 것이 중요하기 때문에 거울 속 내 입 모양을 관찰하면서 발음해보자. 보이스 트레이닝을 할 때는 거울을 꼭 준비하는 습관을 갖자.

### 📖 단어 낭독하기 -
### 'ㅂ' 'ㅃ' 'ㅍ' 발음하기

오늘은 자음 'ㅂ' 'ㅃ' 'ㅍ' 발음을 연습해보자. 'ㅂ'은 두 입술을 다물었다가 벌릴 때 입 안의 공기를 밖으로 터뜨리면서 내는 소리이다. 두 입술이 다물어진 상태에서 입술에 힘을 주게 되면 된소리 'ㅃ'이 되고, 공기를 앞으로 강하게 뱉으면서 발음하면 거센소리 'ㅍ'이 된다. 조음점의 위치를 느끼면서 발음해보자.

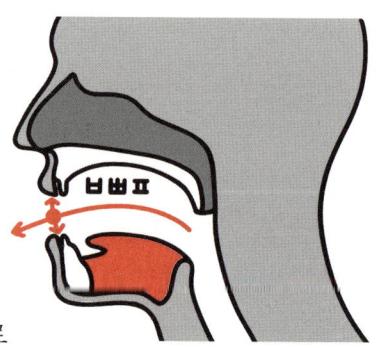

○ 'ㅂ' 'ㅃ' 'ㅍ' 조음점

바빠파 버뻐퍼 보뽀포 부뿌푸 브쁘프 비삐피 방빵팡 벙뻥펑

바늘 바다 바둑 바람 버릇 버스 보건 보관 보름달 보물

부담 부동산 부레 부리 부사관 비교 비닐 비우다 비트

빨간색 빨래 빼어나다 뻐꾸기 뽀글뽀글 뿌듯하다 삐뚤빼뚤


### 📖 짧은 문장 낭독하기

방실방실 웃:는 그의 얼굴이 떠올라 빙긋이 미소 지었다.
        운:는 그에 얼구리      빙그시      지어따
바다처럼 마음이 넓은 사:람이 되고 싶다.
             넓븐                  십따
파도를 일으키는 바람을 보아라.
          이르키는 바라믈
비트는 혈관 속 노:폐물을 제거해주는 효능이 있다.
                무를                    인따
뻐꾸기는 초여름에 뻐꾹뻐꾹 하고 운:다.
            초여르메
삐뚤빼뚤했던 글씨체를 교정하니 뿌듯하다.
                          뿌드타다

## 🎧 힐링이 되는 낭독의 즐거움 :
**앉은 자세로 다리를 들어 복부 힘을 느끼면서 낭독해보자**

강인함과 따뜻함에 관련하여 우리가 다른 사:람의 성:향을 판단하
　　　　　 따뜨타메 괄련　　　　　　　　사:람에
는 방식에는 아주 중:요한 차이가 하나 있다. 따뜻함은 '토마토 규칙'
　　　　　　　　　　　　　　　　　　　인따 따뜨타믄
의 영:향을 받는다. 지독히 추운 하룻밤 사이에 토마토로 가득 찬 밭
　　　　　　　　　　지도키　　　하룯빰
전체가 망가질 수 있듯이, 다른 사:람의 관심거리나 감:정을 무시하는
　　　　　　　　이뜨시　　　　　관심꺼리
듯한 차가운 모습을 단 한 번만 보여도 향후 따뜻한 이미지를 재:형성
드탄　　　　　　　　　　　　　　　　따뜨탄
하기가 무척 어려워진다.

　강인함은 정:반대로 작용한다. 긍정적인 방식으로 강인한 모습을
　　　　　　　자공
한 번만 보여주면 당신을 강인한 사:람으로 인식시키는 데 큰 도움 이

된다. 물론 한:계는 있다. 당신이 뛰어난 성과를 내면서 새로운 일을
　　　　　　　　　　인따　　　　　성꽈
시:작했더라도 그 후 계:속해서 태만하게 행동한다면, 결국 유능해 보이

던 첫인상은 무효가 될 것이다. 허나 그렇더라도 이 인상은 꽤 오랫동안
　　처딘상　　　　거시다　　　그러터라도　　　　　오랟똥안
지속된다.

- 《어떤 사람이 최고의 자리에 오르는가》 중에서

https://www.youtube.com/watch?v=4QJU6vgT72o&t=45s
힐링이 되는 낭독의 즐거움 예문을 저자의 낭독법으로 확인하실 수 있습니다.

## 21일 좋은 목소리 습관 만들기
## 보이스 캘린더(Voice Calendar)

지난 일주일 동안 연습하면서 힘들거나 잘 안되는 부분도 있었을 것이다. 하루아침에 그동안의 습관이 드라마틱하게 바뀔 수는 없다. '시작이 반이다.'라는 마음으로 2주차도 열심히 연습해보자.

| 2주차 : Day 8 ~ Day 14 |

|  | 날짜 | 호흡 | 발성 | 발음 | 낭독 | 느낀 점 |
|---|---|---|---|---|---|---|
| Day 8 | | | | | | |
| Day 9 | | | | | | |
| Day 10 | | | | | | |
| Day 11 | | | | | | |
| Day 12 | | | | | | |
| Day 13 | | | | | | |
| Day 14 | | | | | | |

보이스 기초 재료인 복식 호흡과 발성, 발음을 차례대로 훈련하면서 익숙해졌다면, 쉽게 무너지지 않도록 목소리 기초를 튼튼하게 다져보자. 이제는 공명 발성과 낭독 훈련을 통해 울림 가득한 편안한 목소리를 만들어보고, 모음 집중 훈련으로 전달력을 높여주는 발음을 연습해보도록 하자. 1일 1낭독에서는 공명 발성에 집중하면서 둥근 억양으로 자연스러운 낭독을 할 것이다. 둥근 억양으로 낭독하는 습관을 갖게 되면 평소 나의 부자연스러운 말투를 교정할 수도 있어서 효과적이다.

좋은 목소리란 나의 몸과 마음, 성대의 편안함이 느껴졌을 때 나오는 소리이다. 목소리를 하나의 악기라고 생각해보자. 우리는 현악기로 연주되는 곡을 들으면 감정 관리가 되면서 몸과 마음이 편안해진다. 바로 소리의 울림이 마음에도 울림을 주기 때문이다. 내 몸의 악기를 울릴 준비가 되었다면 이번 주에도 열심히 연습해보자. 연습 전 보이스 레시피 5분 준비운동을 통해 온몸의 불필요한 힘을 빼고 상체와 조음기관 스트레칭을 진행한다.

3장

# 2주차
## Day 8 ~ Day 14

💬 **2주차 핵심 포인트!**

- 공명 발성법으로 풍성하고 부드러운 목소리 만들기
- 발음이 쉬워지는 모음 집중 훈련으로 정확한 발음 하기
- 힐링이 되는 낭독의 즐거움 1일 1낭독을 둥근 억양으로 연습하기

## 8일(Day 8)

### ✎ 공명 발성 –
### 앉은 자세로 공명 발성하기

'내 몸은 항아리다.'라는 생각으로 항아리 속 울림을 느껴본다. 동그랗게 손을 앞으로 모으면서 소리를 내본다.

먼저, '아'로 입을 크게 벌린 상태에서 입 안에 공기를 머금으며 입을 살짝 닫아준다. 그런 다음 허밍으로 노래 부르듯이 '음~' 소리를 내어보자. 낮은음에서부터 높은음까지 올렸다 내렸다 반복하면서 자신에게 맞는 편안한 톤을 찾아본다. 비강과 입 안, 입술 등 얼굴 전체의 울림을 느껴보고 이번에는 '음~'을 하던 그 상태에서 입만 벌려 '아~' 소리를 내어본다. 입을 꽉 다물거나 힘을 주면 안 된다.

내 입 안이 동굴 속이라 생각하고 다시 한번 가볍게 입을 다물면서 공기를 가득 머금고 입술은 살짝 다문 상태로 '함~~' '험~~' 소리를 내어 본다. 입 주변이 간질거리면서 진동이 느껴질 것이다.

○ 공명 발성법

2초 동안 숨을 들이마시고 4초 동안 '음~~~~' 공명 발성하기.
2초 동안 숨을 들이마시고 4초 동안 '함~~~~' 공명 발성하기.
2초 동안 숨을 들이마시고 4초 동안 '험~~~~' 공명 발성하기.
2초 동안 숨을 들이마시고 4초 동안 '흠~~~~' 공명 발성하기.

'음~'을 하던 그 상태에서 입만 벌려 '마~' 소리를 내어본다.

2초 동안 숨을 들이마시고 2초 동안 '음~~' 소리 후 입을 벌려 '마~~'
2초 동안 숨을 들이마시고 2초 동안 '함~~' 소리 후 입을 벌려 '마~~'
2초 동안 숨을 들이마시고 2초 동안 '험~~' 소리 후 입을 벌려 '마~~'
2초 동안 숨을 들이마시고 2초 동안 '흠~~' 소리 후 입을 벌려 '마~~'

https://www.youtube.com/watch?v=3GpjE1rlQF8&t=279s

공명 발성법을 활용해서 말하는 방법을 저자의 영상으로 확인하실 수 있습니다.

## ✏️ 발음 – 'ㅅ' 'ㅆ' 발음하기

'ㅅ'은 혀끝이 윗잇몸에 부딪혀 공기를 내보내 마찰을 일으키는 소리이다. 이 상태에서 힘을 주게 되면 된소리 'ㅆ' 발음이 된다. 'ㅅ' 발음은 혀의 위치가 중요하기 때문에 'ㄷ'으로 발음을 하지 않도록 주의해야 한다. 또한 혀를 앞니 사이로 내밀게 되면 'th' 발음이 나와 혀 짧은 소리로 들리게 된다. 혀의 위치와 입 모양의 변화를 느껴보면서 발음해보자.

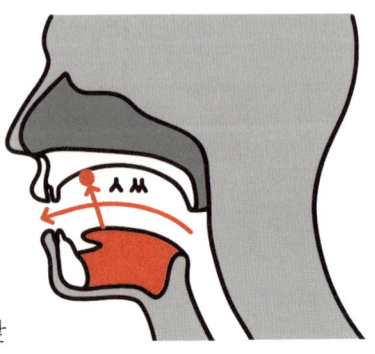

○ 'ㅅ' 'ㅆ' 조음점

사 서 소 수 스 시   싸 써 쏘 쑤 쓰 씨

사 샤 서 셔 소 쇼 수 슈 스 시

싸 쌰 써 쎠 쏘 쑈 쑤 쓔 쓰 씨

사각형 사과 사다리 사슴 서식 서풍 소도구 소방서 소설

## 📖 짧은 문장 낭독하기

**모음 집중 훈련을 통해 입 모양을 명확하게 하는 습관을 만들자.**

ㅜㅕㅣㅡ / ㅗㅜㅜㅡ / ㅓㅡㅕㅓ / ㅜㅜㅔㅣㅡ /
ㅜㅓㅏ

수영이는 옥수수를 먹으면서 수수께끼를 풀었다.
머그면서　　　푸런따

ㅓㅏㅔㅓ / ㅕㅗㅣㅡ / ㅗㅣ / ㅣㅜㅡ / ㅣㅜㅣ
/ ㅜㅔㅔ / ㅏㅡ / ㅏㅏ

성:당에서 결혼식을 올린 신부는 신부님의 주례에 감:탄을 받았다.
　　　　　　　　　　신부님에　　　　바단다

ㅣㅜㅡ / ㅣㅜㅏㅣ / ㅏㅑㅔㅏㅗ / ㅐㅏㅡ /
ㅜㅏ / ㅣㅜㅏ / ㅏㅐㅏㅏ

실수는 실수하지 말:아야겠다고 생각하는 순간 실수가 발생한다.
실쑤　실쑤　　마:라야게따고 생가카는　　실쑤　발쌩

ㅏㅏㅡ / ㅏㅏㅔㅔ / ㅏㅏㅡ / ㅏㅡㅓㅓ / ㅓㅜㅡ
/ ㅜㅓ

사랑하는 사:람에게 사탕을 만들어서 선:물로 줬다.
　　　　　　　　　　　　만드러서

ㅗㅏㅣ / ㅗㅗㅗ / ㅜㅓㅗㅣ / ㅏㅡㅣ / ㅏㅕ /
ㅣㅝㅐㅕㅏ

솔바람이 솔솔솔 불:어오니 마음이 한결 시원해졌다.
　　　　　　　　부:러오니


ㅕㅜㅔㅡ / ㅓㅐㅏㅔ / ㅐㅡ / ㅏㅗ / ㅏㅕ /
/ ㅣㅜㅣ / ㅏㅐㅏ

겨울에는 썰매장에서 썰매를 타고 달리면 기분이 상쾌하다.
겨우레는　　　　　　　　　　　기부니


ㅏㅡ / ㅣㅏ / ㅗㅐㅣ / ㅜㅐㅓㅣㅡ / ㅏㅗ / ㅜ
ㅡ / ㅔㅡㅡㅔ / ㅡㅗ / ㅣㅏ

방금 일어난 동생이 쑥대머리를 하고 눈을 게슴츠레 뜨고 있다.
　　이러난　　　쑥때머리　　　누늘　　　　　　 읻따

https://www.youtube.com/watch?v=3GpjE1rlQF8&t=279s
모음 집중 훈련을 활용해서 낭독하는 방법을 저자의 영상으로 확인하실
수 있습니다.

## 🎧 힐링이 되는 낭독의 즐거움

괴테는 "가장 중:요한 일들이 별로 중:요하지 않은 일에 의해 좌우
　　　　　　　　　　일드리　　　　　　안은
되어서는 안 된다."라고 말:했다. 먼저 일주일 동안 매시간 자신이 무

슨 행동을 하는지 모두 적어라. 더불어 자신의 목표를 위해서 해야 할
　　　　　　　　　　저거라　　　자시네
일들을 또 적어라. 그리고 이 모든 행동을 4:개 부분으로 나눠보라.
일드를　　저거라
당신이 해야 할 일들은 중:요한 일들이다. 긴급하고 중:요한 일과 긴
　　　　　　　　일드른　　　　일드리다
급하지 않지만, 장기적 목표와 또한 자신의 행:복을 위해 중:요하다고
　　　　안치만　　　　　　　　　　　　행:보글
여기는 것들을 우선순위로 삼:아 계:획을 잡고 시간 활용을 하면 된
　　　　것드를　　　　사:마 계:회글 잡꼬　　화룡
다. 괴테의 말:처럼 별로 중:요하지 않은 일들이 당신의 가장 중:요한
　　괴테에　　　　　　　　　안은 일드리 당시네

일들을 좌지우지하지 않게 될 때 당신의 목표는 어느새 당신 곁으로
일드를              안케        당시네                    겨트로
성큼 다가와 있을 것이다.
            이쓸 거시다

- 《완벽한 공부법》중에서

https://www.youtube.com/watch?v=4QJU6vgT72o&t=45s
힐링이 되는 낭독의 즐거움 예문을 저자의 낭독법으로 확인하실 수 있습니다.

# 9일(Day 9)

### 📝 공명 발성 -
### 호랑이처럼 강하게 공명 발성하기, 선 자세로 공명 발성하기

보이스 트레이닝을 하다 보면 공명 발성에 대한 부담을 느끼는 분들이 있다. 평소에 내는 소리보다 굵고 울림이 있다 보니 그렇게 느껴질 수도 있다. 이때 입에 힘을 주면서 소리를 내거나 작고 얇은 소리를 만들어서 내게 되는데 이는 잘못된 방법이다. 그때마다 나는 일부러라도 아치를 개방하면서 굵게 소리를 내보라고 말한다.

어린 시절 부모님께서 동화책을 읽어주시거나 내가 읽어본 적이 있는가? 따라서 읽어보자. "호랑이가 '어흥' 하고 따라와서 깜짝 놀랐어요." '어흥!'이라는 소리를 정말 호랑이처럼 내본다면 그냥 내 목소리로 하지 않았을 것이다. 더 힘 있고 굵게 위엄이 느껴지는 호랑이처럼 냈을 것이다. 몸집이 큰 동물은 온몸을 울려서 소리를 낸다. 호랑이의 울림 가득한 소리처럼 내 몸에도 울림을 넣어서 소리를 내보자.

2초 동안 숨을 들이마시고 4초 동안 '흠~~~~'
2초 동안 숨을 들이마시고 4초 동안 '험~~~~'
2초 동안 숨을 들이마시고 4초 동안 '함~~~~'
2초 동안 숨을 들이마시고 4초 동안 '훔~~~~'

4초 동안 숨을 들이마시고 '흠~~' 입을 벌려서 '하~헤~히~호~후~'
4초 동안 숨을 들이마시고 '험~~' 입을 벌려서 '하~헤~히~호~후~'
4초 동안 숨을 들이마시고 '함~~' 입을 벌려서 '하~헤~히~호~후~'
4초 동안 숨을 들이마시고 '훔~~' 입을 벌려서 '하~헤~히~호~후~'

## 📝 발음 – 'ㅈ' 'ㅉ' 'ㅊ' 발음하기

'ㅈ'은 혓바닥이 입천장에서 가장 딱딱한 부분인 경구개에 정확하게 닿았다가 떨어지면서 내는 소리이다. '사' '다' 소리를 낼 때보다 혀의 위치가 살짝 뒤쪽이다. 이 상태에서 힘을 주게 되면 된소리 'ㅉ'이 되고, 공기를 앞으로 강하게 뱉으면서 발음하면 거센소리 'ㅊ'이 된다. 조음점의 위치를 느끼면서 발음해보자.

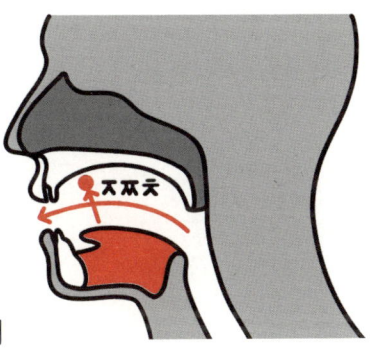

○ 'ㅈ' 'ㅉ' 'ㅊ' 조음점

자 저 조 주 즈 지 짜 쩌 쪼 쭈 쯔 찌 차 처 초 추 츠 치

자 짜 차 저 쩌 처 조 쪼 초 주 쭈 추 즈 쯔 츠 지 찌 치

자동차 자부심 저금통 전기문 절구 정류장 조화 존경 주민

주사기 주차장 짜깁기 주꾸미 짜장면 찌개 찜질방 차량

착석 참새 천국 청소 초가집 촉각 축구 친구 친절

## 📖 짧은 문장 낭독하기

ㅏㅣ / ㅏㅣ / ㅐㅏ / ㅏㅜㅣ ㅡ / ㅏㅗ / ㅏㅏㅐ
ㅣ ㅡ / ㅏ ㅡ ㅡ / ㅏㅏ

자기 자신에 대한 자부심을 갖고 당당해지는 마음을 갖자.
   자시네    갇꼬    마으믈 갇짜

ㅏㅡㅣㅡ / ㅡㅡㅗ / ㅏㅡㅓㅗ / ㅓㅓㅏㅔ / ㅕ
ㅣㅡ / ㅏㅡㅣㅏ

자긍심은 스스로 자랑스럽고 떳떳하게 여기는 마음이다.
       떤떠타게

ㅣㅏ / ㅣㅜㅘ / ㅏㅔ / ㅏㅕㅡ / ㅓㅗ / ㅣㅏ
ㅔ / ㅏ

친한 친구와 함께 짜장면을 먹고 찜질방에 갔다.
       먹꼬   갇따

ㅏㅐㅏ / ㅗㅣ / ㅟㅔㅓ / ㅐㅐㅓㅣㅏ

참새가 초가집 위에서 짹짹거린다.

ㅣㅏ / ㅓㅗ / ㅐㅡㅏㅔ / ㅏㅣ / ㅓㅜㅣ / ㅏㅗ
/ ㅓㅏ

집 안 청소를 깨끗하게 하니 천국이 따로 없:다.
지 반   깨끄타게     업:따

## 🎧 힐링이 되는 낭독의 즐거움

누구나 슬럼프라는 위기의 강을 건너야 할 때가 있다.
　　　　　　　　　위기에　　　　　　　　잍따
그때 찾아오는 절망을 짊어지지 말고 탁 내려놓아야 한다.
　　　　차자오는　　　짐머지지　　　　내려노아야
자신의 몸과 마음이 피폐해지지 않도록 스스로 보듬어야 한다.
　자시네　　마으미　　　　안토록　　　　　보드머야
'나는 왜 꺾였을까.' 하면서 자신을 질책하고 남을 탓하기보다는
　　　　　　　　　　　　　　　　질채카고 나믈 타타기
자신을 어떻게 다스리고 이겨나갈 것인가에 더 신경 써야 한다.
　자시늘 어떠케　　　　　　　　거신가에
넘어진 김에 쉬어간다는 말이 있잖은가.
　너머진 기메　　　마:리 읻짠는가
이런 기회를 자신과 주위를 돌아보는 시간으로 삼:으면
　　　　　　　　　　　도라보는 시가느로 사:므면
자신의 마음 근육이 한층 더 단단해질 수 있다.
　자시네　　그뉴이　　　　　　　잍따

　　　　　　　- 《아침편지 고도원의 꿈이 그대를 춤추게 하라》중에서

 https://www.youtube.com/watch?v=4QJU6vgT72o&t=45s
힐링이 되는 낭독의 즐거움 예문을 저자의 낭독법으로 확인하실 수 있습니다.

# 10일(Day 10)

### 🖍 공명 발성 -
### 스타카토로 강하게 공명 발성하기

앞으로 소리를 던져내듯이 공명 스타카토 발성을 시작해보자.

### 🖍 스타카토 발성하기

가! 게! 기! 고! 구!　　아! 에! 이! 오! 우!
나! 네! 니! 노! 누!　　자! 제! 지! 조! 주!
다! 데! 디! 도! 두!　　차! 체! 치! 초! 추!
라! 레! 리! 로! 루!　　카! 케! 키! 코! 쿠!
마! 메! 미! 모! 무!　　타! 테! 티! 토! 투!
바! 베! 비! 보! 부!　　파! 페! 피! 포! 푸!
사! 세! 시! 소! 수!　　하! 헤! 히! 호! 후!

### 🖍 스타카토 인사하기

안! 녕! 하! 십! 니! 까!　　또! 뵙! 겠! 습! 니! 다!
0! 0! 0! 입! 니! 다!　　행! 복! 하! 세! 요!
반! 갑! 습! 니! 다!　　고! 맙! 습! 니! 다!

## ✏️ 발음 –
### 'ㅓ' 'ㅡ' 발음하기

'ㅓ'와 'ㅡ' 입 모양의 차이를 이해하고 평소 'ㅓ'를 'ㅡ'로 발음하고 있지는 않은지 확인해보자. 성공을 승공으로, 어제를 으제로, 거름을 그름으로 발음하고 있지는 않은가? 경상도가 고향이신 교육생분이 계셨다. 대전에서 일을 하시게 되었는데 발표를 하다가 동료에게 'ㅓ' 발음을 'ㅡ'로 한다는 소리를 듣고 당황하셨다고 한다. 사실 나의 말 습관은 누가 말해주지 않으면 알지 못할 때가 많다. 정확한 발음은 전달력을 책임지기 때문에 꼭 교정해보자. 'ㅓ'는 입술이 살짝 나오면서 아래턱이 내려간다. 입 모양을 크게 벌린 'ㅏ'에서 살짝 오므린 상태라고 보면 된다. 'ㅡ'는 입을 옆으로 당겨서 입술이 평평한 상태로 내는 소리이다.

거 너 더 러 머 버 서 어 저 처 커 터 퍼 허

그 느 드 르 므 브 스 으 즈 츠 크 트 프 흐

거 그 / 너 느 / 더 드 / 러 르 / 머 므 / 버 브 / 서 스 /

어 으 / 저 즈 / 처 츠 / 커 크 / 터 트 / 퍼 프 / 허 흐 /

거름 거울 너구리 러시아 머그잔 머플러 버스 버릇 버터

서울 어제 어머니 그네 그늘 드라이 브라질 크레파스 트럭

## 📖 짧은 문장 낭독하기

ㅓㅜ / ㅗ / ㅐ ㅗ ㅡ / ㅏ ㅏ ㅗ ㅏ
거울 속 내 모습을 바라보았다.
보아따

ㅓㅣㅡ / ㅓ ㅡ ㅏ ㅔ / ㅏ ㅕ ㅑ / ㅏ ㅏ
커피는 머그잔에 마셔야 맛있다.
마싣따

ㅡㅔㅡ / ㅏ ㅡ / ㅏ ㅣ ㅡ ㅡ / ㅗ ㅣ / ㅓ ㅣ ㅣ ㅓ ㅣ / ㅐ ㅏ ㅏ
그:네를 타는 아이들을 보니 어린 시절이 생각났다.
생강나따

ㅡ ㅏ ㅣ ㅗ / ㅕ ㅐ / ㅏ ㅕ ㅗ / ㅣ ㅐ ㅣ ㅡ / ㅔ ㅑ ㅐ ㅏ
브라실로 여행 가려고 비행기를 예:약했다.

## 🎧 힐링이 되는 낭독의 즐거움

사:람들이 좋:은 성:품을 갖춘 리더를 따르려고 하는 것은 당연한
사:람드리 조은 성:푸믈 갇춘 거슨
일이다. 믿음이 가지 않는 사:람과는 누구도 함께 일:하고 싶어 하지
이리다 미드미 안는 시퍼
않는다. 그런데 우리가 다른 사:람과 일:하거나 다른 리더를 따르기
안는다
전에 날마다 믿고 따라야 할 사:람이 있다. 바로 자기 자신이다!
저네 믿꼬 사:라미 읻따
 자신을 믿지 못:하면 절대로 성:장할 수 없:다. 정직함과 올곧음을
자시늘 믿찌 모:타면 정지캄과 올고즈믈
바탕으로 좋:은 성:품을 기르지 않으면 인생의 어떤 영역에서도 성:
조:은 성:푸믈 안으면 인생에
공할 수 없:다. 좋:은 성:품이 없:으면 모래 위에 집을 짓:는 꼴이다.
업:따 조:은 성:푸미 업:쓰면 지블 진:는 꼬리다
성:품이 중:요한 이유가 여기에 있다.
성:푸미 읻따

-《사람은 무엇으로 성장하는가》 중에서

https://www.youtube.com/watch?v=4QJU6vgT72o&t=45s
힐링이 되는 낭독의 즐거움 예문을 저자의 낭독법으로 확인하실 수 있습니다.

# 11일(Day 11)

## ✏ 공명 발성 –
### 부드러운 포물선을 그리며 발성하기

그동안 앞으로 시원하게 뻗어나가는 발성을 통해서 소리가 입 안에 머물지 않는 연습을 했다. 이제는 좀 더 자연스럽게 뻗어나가는 둥근 억양으로 부드럽게 포물선을 그리면서 발성해보자.

목의 아치를 둥글고 크게 여는 하품 호흡을 2-2법칙으로 해본다.

그다음 아래 그림처럼 손동작을 하면서 발성해보자.

4초 깊이 숨을 들이마시고 '가게기고구' 호흡을 나눠가면서 뱉어낸다.

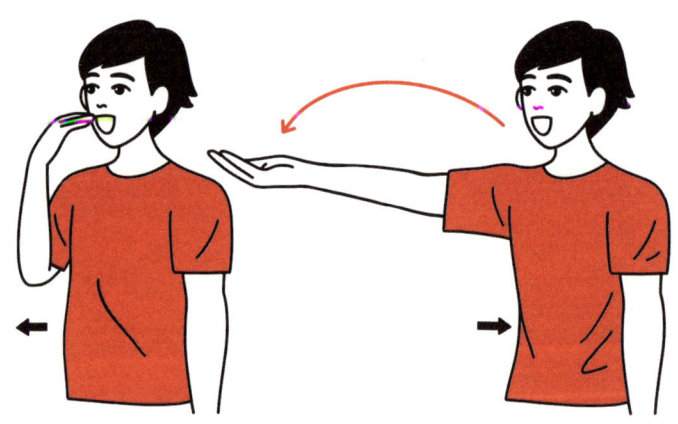

○ 부드러운 포물선 발성

 https://www.youtube.com/watch?v=lLixNhzV06k&t=40s
둥근 억양을 활용해서 말하는 방법을 저자의 영상으로 확인하실 수 있습니다.

가 게 기 고 구      아 에 이 오 우

나 네 니 노 누      자 제 지 조 주

다 데 디 도 두      차 체 치 초 추

라 레 리 로 루      카 케 키 코 쿠

마 메 미 모 무      타 테 티 토 투

바 베 비 보 부      파 페 피 포 푸

사 세 시 소 수      하 헤 히 호 후

### ✎ 포물선 그리며 인사하기

안녕하세요.   000입니다.

반갑습니다.   감사합니다.

사랑합니다.   행복하세요.

고맙습니다.

### ✏️ 발음 –
### 'ㅔ' 'ㅐ' 'ㅖ' 'ㅒ' 발음하기

비슷한 발음은 크게 신경 쓰지 않고 소리를 낼 수도 있지만, 미묘한 차이가 전달력에 큰 영향을 미칠 수 있다. 입 모양과 혀의 위치를 확인해보자. 'ㅔ'와 'ㅐ'는 입을 벌리는 정도에서 차이가 나게 되는데, 'ㅔ'는 집게손가락 하나 정도가 들어갈 정도만 입을 벌리면 된다. 'ㅐ'는 좀 더 입을 크게 벌리고 소리를 내면 된다. 'ㅖ'는 [ㅣ+ㅔ]를 이어서, 'ㅒ'는 [ㅣ+ㅐ]를 이어서 발음하는 소리이다.

에 에 에 에 에 에    애 애 애 애 애

예 예 예 예 예 예    얘 얘 얘 얘 얘

에어컨 애벌레 꽃게 개구리 베개 계절 예절 예약 네거리

대통령 내일 세월 내년 대학교 계피 제비 케이크 애국가

## 📖 짧은 문장 낭독하기

ㅔㅓㅓ / ㅏㅏㅣ / ㅏㅐㅓ / ㅏㅣㅔ / ㅓㅏ
에어컨 바람이 강해서 감:기에 걸렸다.

ㅗㅐㅏㅣ / ㅓㅗ / ㅣㅓㅓ / ㅐㅏ / ㅗㅣㅐㅜㅛㅏㅔ / ㅏ
꽃게탕이 먹고 싶어서 태안 꽃지해수욕장에 갔다.
꼳께탕  먹꼬 시퍼서    꼳찌        간따

ㅐㅜㅏ / ㅐㅜㅐㅜ / ㅜㅗ / ㅣㅏ
개구리가 개굴개굴 울고 있다.
                      읻따

ㅐㅏㅛ / ㅣㅏㅣ / ㅏ / ㅖㅗㅣㅡ / ㅏㅡ / ㅣㅡ / ㅜㅡ
ㅣ / ㅔㅣㅡㅡ / ㅏㅝㅏ
대:학교 입학식 날 계모임을 하는 친구들이 케이크를 사줬다.
대:학꾜 이팍씩

ㅖㅣㅘ / ㅐㅏㅡ / ㅓㅡ / ㅖㅣㅐㅏㅡ / ㅏㅣㅖ
ㅏㅔ / ㅏㅝㅏ
계:피와 생강을 넣은 계:피생강차는 감:기예:방에 탁월하다.
            너은                타궐

## 🎧 힐링이 되는 낭독의 즐거움

우리는 보통 자신의 감:정이 곧 자기 자신이라고 생각한다. 이것은
　　　　　　자시네　　　　　　자시니라고 생가칸다 이거슨
우리가 그 감:정들을 묘:사하기 위해 사:용하는 언어에 반:영되어 있다.
　　　　　　　드를　　　　　　　　　어너에 바:녕　　일따
예컨대 우리는 마치 분노, 행:복, 슬픔이 우리 자신이거나 우리의
　　　　　　　　　　　　　　　　　　　　자시니거나 우리에
본질인 것처럼 "나는 화났다." "나는 행:복하다." "나는 슬프다."라고
본지린　　　　　　　　　　　　　　　행:보카다
말:한다. 우리의 감:정이 바로 우리의 존재가 된다고 여기는 것이다.

　하지만 마음챙김 연:습을 충분히 하면 미묘하지만 중:요한 변:화를
　　　　　　　　　　연:스블
목격하게 된다. 즉 생각과 감:정은 우리의 본질이나 실체가 아니다.
목껴카게　　　　　　　　　　우리에 본지리나
그들은 생겼다가 사라지는, 마음과 몸에서 일어나는 현:상들일 뿐이다.
　　　　　　　　　　　　　　　　　모메서 이러나는 현:상드릴 뿌니다

－《너의 내면을 검색하라》중에서

https://www.youtube.com/watch?v=4QJU6vgT72o&t=45s
힐링이 되는 낭독의 즐거움 예문을 저자의 낭독법으로 확인하실 수 있습니다.

# 12일(Day 12)

### ✎ 공명 발성 –
### '공기 반 소리 반'으로 울림 가득한 공명 발성하기

입을 크게 벌려서 공기를 입 안에 가득 머금고 공명 발성을 해본다. 편안하게 눈을 감고 입 주변 전체의 울림을 집중해서 느껴본다.

2초 동안 숨을 들이마시고 4초 동안 '음~~~~'
2초 동안 숨을 들이마시고 4초 동안 '함~~~~'
2초 동안 숨을 들이마시고 4초 동안 '험~~~~'
2초 동안 숨을 들이마시고 4초 동안 '흠~~~~'

2초 동안 숨을 크게 들이마시면서 공기에 울림을 가득 담아 소리를 내뱉어본다.

함~~ 안녕하세요~.
함~~ 감사합니다~.
함~~ 행복하세요~.
함~~ 사랑합니다~.
함~~ 건강하세요~.

## ✎ 발음 –
### 'ㅘ' 'ㅝ' 'ㅚ' 'ㅟ' 발음하기

　이중 모음은 두 개의 모음이 결합되어 만들어지기 때문에 입 모양의 처음과 끝이 바뀌면서 연이어 발음해야 한다. 부정확한 발음을 교정하기 위해 오신 교육생분들 중 이중 모음을 단모음으로 발음하는 분들이 상당히 많다. 예컨대, "과자 먹을래?"를 "가자 먹을래?"로 "과장님!"을 "가장님!"으로 발음하는 경우이다. 이중 모음을 제대로 발음하지 못하면 상대방이 의미 파악을 제대로 하지 못할 수 있기 때문에 교정하는 것이 좋다.

　또한 다이어트 전문가가 "다이어트를 하기 위해서는 탄수화물 섭취를 줄여야 합니다."를 "다이어트를 하기 위해서는 탄수하물 섭치를 줄여야 합니다."로 발음한다면 전문성이 부족해 보여 신뢰감이 떨어질 수 있다. 이중 모음 발음을 정확히 하지 못하는 이유는 정확한 발음에 대한 무관심과 습관 때문인 경우가 많다. 나의 말에 신뢰감을 불어넣고 싶다면 이중 모음을 정확하게 발음해보자. 'ㅘ'는 [ㅗ+ㅏ]를 이어서, 'ㅝ'는 [ㅜ+ㅓ]를, 'ㅚ'는 [ㅗ+ㅣ]를, 'ㅟ'는 [ㅜ+ㅣ]를 빠르게 이어서 발음하면 된다.

과 궈 괴 귀 놔 눠 뇌 뉘 돠 둬 되 뒤 롸 뤄 뢰 뤼

뫄 뭐 뫼 뮈 봐 붜 뵈 뷔 솨 숴 쇠 쉬 와 워 외 위

좌 줘 죄 쥐 차 춰 최 취 콰 쿼 쾨 퀴 톼 퉈 퇴 튀

퐈 풔 푀 퓌 화 훠 회 휘

과자 과학 과제 좌우명 전화 문화 월요일 원장 환원 관광

기와집 화장실 운동화 화가 화장 과수원 좌석 화분 관심

왕관 원피스 권투 궁궐 꿩 공원 원숭이 태권도 과외 가위

참외 위기 권력 뷔페 제과점 제비 제주도 최근 외교 외출

## 📖 짧은 문장 낭독하기

ㅘ ㅡ / ㅓ ㅡ ㅕ ㅓ / ㅘ ㅏ / ㅘ ㅔ ㅡ / ㅏ
과자를 먹으면서 과학 과제를 한다.
     머그면서

ㅕ ㅛ ㅣ ㅏ ㅣ / ㅝ ㅏ ㅣ ㅔ ㅓ ㅡ / ㅘ ㅜ ㅕ ㅡ /
ㅏ ㅓ ㅐ ㅛ ㅏ ㅗ / ㅏ ㅕ ㅏ
월요일까지 원장님께서는 좌:우명을 작성해오라고 하셨다.
워료일                작썽        하션따

ㅜ ㅘ ㅘ ㅗ ㅏ ㅔ ㅓ ㅡ / ㅘ ㅘ ㅏ ㅕ ㅡ / ㅐ ㅏ
ㅏ ㅣ / ㅝ ㅏ / ㅘ ㅗ / ㅏ ㅏ
문화관광공사에서는 관광자원을 개발하기 위한 활동을 한다.
                                활똥

ㅗ ㅜ ㅝ ㅔ ㅓ / ㅝ ㅜ ㅣ / ㅏ / ㅏ ㅣ ㅏ / ㅘ ㅣ ㅡ
/ ㅏ ㅣ ㅔ / ㅓ ㅗ / ㅣ ㅏ
동:물원에서 원숭이 한 마리가 과일을 맛있게 먹고 있다.
동:무뤈                       마싣께 먹꼬

ㅏ ㅝ ㅏ ㅝ ㅗ ㅡ / ㅏ ㅡ ㅔ / ㅏ ㅝ ㅡ / ㅐ ㅏ /
ㅝ ㅡ / ㅐ ㅏ / ㅏ ㅏ ㅏ / ㅏ ㅝ ㅡ / ㅐ ㅏ
가위바위보를 하는데 가위를 낼까 바위를 낼까 하다가 가위를 냈다.

## 🎧 힐링이 되는 낭독의 즐거움

감:정을 다루게 되면 내:면에 솔직함과 자연스러움이 깃든다. 어:색함
　　　　　　　　　　　　　솔찌캄　　　　　　　　　　　　　어:새캄
과 억지스러움이 사라진다. 대:화 중 생겨나는 감:정이 부담스럽다고

피하거나 불필요한 방어나 공:격을 하지 않게 된다. 감:정을 신:뢰하
　　　　　불피료　　　　　　　안케　　　　　　　　　　실:뢰
게 되면 말:의 군더더기가 사라진다. 보:유하고 표현하는 힘이 길러지

면서 내:면과 외:면이 일치하게 된다. 그래서 당신의 말:에 생기가 감
　　　　　　　　　　　　　　　　　　당시네
돈다. 물론 타인의 감:정도 기꺼이 껴안을 수 있게 된다. 감:정 다루기
　　　　　타이네
가 서툰 사:람들의 마음을 알아주고, 감:정 조절이 힘든 사:람을 기다
　　　　　사:람드레 마으믈
려주고, 표현이 미:숙한 사:람에게 좋:은 본보기가 되어준다. 감:정을
　　　　　　　　　　　　　　　　조:은
다룰 수 있다는 것은 불필요한 감:정을 느끼지 않고 과:잉된 감:정을
　　　　　　　　　　　불피료한

짊어지지 않는다는 말:이기도 하다. 그래서 예:전보다 가벼운 마음으로
<u style="color:red">질머지지 안는</u>                                                          <u style="color:red">마으므로</u>
더 많:은 사:람들을 대할 수 있게 된다.

-《말그릇》 중에서

 https://www.youtube.com/watch?v=4QJU6vgT72o&t=45s
힐링이 되는 낭독의 즐거움 예문을 저자의 낭독법으로 확인하실 수 있습니다.

# 13일(Day 13)

### ✏️ 공명 발성 –
### 긴 호흡으로 소리 근육을 키우는 발성하기

일정 시간 이상 말을 하다 보면 힘이 빠져서 목소리의 떨림이 생기거나 목구멍이 좁아지면서 소리가 앞으로 잘 나오지 않는 경우가 있다. 소리 근육이 부족하기 때문이다. 앞서 복부 근육을 강화하는 연습을 기억하고 소리 근육까지 강하게 키워본다면 1시간을 말해도 힘이 빠지지 않을 것이다. 내 앞에 큰 산이 있다고 생각해보자. 산 너머 친구가 서있다고 상상하면서 그 친구에게 들릴 정도로 힘 있게 발성을 해보자. 포물선을 그리면서 안정적인 톤으로 강하게 소리를 뻗어낸다.

4초 동안 숨을 들이마시고 10초 동안 '하~~~~~~~~~~'
4초 동안 숨을 들이마시고 10초 동안 '야~~~~~~~~~~'
4초 동안 숨을 들이마시고 10초 동안 '아~~~~~~ 호~~~~~~'
4초 동안 숨을 들이마시고 10초 동안 '하~ 햐~~~~~~~~~'
4초 동안 숨을 들이마시고 10초 동안 '허~ 혀~~~~~~~~~'
4초 동안 숨을 들이마시고 10초 동안 '호~ 효~~~~~~~~~'
4초 동안 숨을 들이마시고 10초 동안 '후~ 휴~~~~~~~~~'
4초 동안 숨을 들이마시고 10초 동안 '흐~ 히~~~~~~~~~'

## ✏️ 발음 –
### 'ᅫ' 'ᅰ' 발음하기

이중 모음을 단모음으로 발음하지 않도록 주의하자. 예컨대, "역사 왜곡은 명예 훼손이다."를 "역사 애곡은 명예 헤손이다."로 발음하면 전달력과 신뢰감이 떨어진다.

'ᅫ'는 [ㅗ+ㅐ]를 'ᅰ'는 [ㅜ+ㅔ]를 빠르게 이어서 발음하면 된다.

괘 궤 내 네 돼 뒈 뢔 뤠 뫠 뭬 봬 붸 쇄 쉐

왜 웨 좨 줴 쵀 췌 쾌 퀘 퇘 퉤 퐤 풰 홰 훼

돼:지 스웨터 왜가리 궤도 웨이터 꿰매다 왜냐하면 상쾌하다

인쇄 궤:도 훼:손 괜찮다 퀭하다 쾌유하다 웨딩 왜곡

### 📖 짧은 문장 낭독하기

ㅣㅜㅏ / ㅣㅡ / ㅡㅔㅓㅏ / ㅖㅡㅏ
친구가 입은 스웨터가 예:쁘다.
　　　　이븐

ㅐㅣㅗㅣㅘ / ㅚㅗㅣ / ㅜ / ㅝㅏ / ㅓ / ㅏㅣㅓ
돼지고기와 쇠고기 중 뭐가 더 맛있어?
　　　　　　　　　　마시써

ㅕㅏ / ㅙㅗㅡ / ㅕㅖ / ㅞㅗㅣㅏ
역사 왜곡은 명예 훼:손이다.
역싸

ㅣㅙㅗㅖ / ㅣㅙㅡ / ㅏㅕㅡㅔ / ㅣㅙㅏ / ㅡㅓㅣㅗㅏㅏ
인쇄소에 인쇄를 맡겼는데 인쇄가 늦어진다고 한다.
　　　　　　맏겼는데　　　느저진다고

## 🎧 힐링이 되는 낭독의 즐거움

요즘은 남들에게 욕을 좀 먹더라도 자신의 감:정을 솔직하게 표현
　　　　　남드레게 요글　　　　　자시네　　　　솔찌카게
하는 것이 미:덕이 된 시대다. 그래서인지 미움받을 용:기를 내라고
　　　　　미:더기
부추기거나 앞으로는 까칠하게 살겠다고 선:언하는 것도 전혀 이:상
　　　　　아프로는　　　　　　　　　서:넌
하지 않다. 갈수록 '감:정을 숨기지 않고, 있는 그대로 표현하는 사:람
　　　　　안타 갈쑤록　　　　　안코 인는
이 건:강한 사:람'이라는 생각이 일반화하는 것 같다.

　물론 감:정을 표현하는 일은 무척 중요하다. 하지만 있는 그대로,
　　　　　　　　　　　　　　　　　　　　　　　　　　　　인는
마음껏 내보이는 게 꼭 건:강하거나 좋:다고 말:할 수는 없:다. 문:제
　　　　　　　　　　　　　　　　조:타고　　　　　업:따
는 적당히 화:를 내고 싶은데 지나치게 화:를 내거나 반:대로 아예 표

현을 못:할 때다. 이러면 내 마음이 내 의:지대로 조절되지 않으면서
      모:탈                                                아느면서
자존감의 구성 요소인 '자기 조절감'이 떨어진다.
자존감에                      떠러진다

– 《자존감 수업》 중에서

https://www.youtube.com/watch?v=DlnHnMVKa3I&t=72s
힐링이 되는 낭독의 즐거움 예문을 저자의 낭독법으로 확인하실 수 있습니다.

## 14일(Day 14)

### ✏️ 공명 발성 –
### 받침 발음 정확하게 하면서 공명 발성하기

프레젠테이션을 급하게 준비하는 교육생분이 계셨다. 마음이 급해서인지 말이 빨랐고, 핵심 내용은 전혀 들리지 않았다. 발음도 뭉개지는 듯해서 피드백을 해드렸더니 전혀 몰랐다는 것이다. 녹화된 모습을 보고 나서야 자신이 그동안 받침 발음을 얼마나 신경 쓰지 않고 대충 했는지 알 수 있었다.

생각보다 '발음을 정확하게 해야지.'라는 마음으로 발표를 하는 사람은 드물다. 목소리 교육에 대해서 잘 몰랐기 때문이다. 5분 워밍업으로 몸과 조음기관을 부드럽게 스트레칭했다면 하품 호흡을 하면서 입 밖으로 소리를 던지듯이 발음해보자. 받침 발음에 신경 써서 한 자 한 자 정성스럽게 발음한다.

가 각 간 갈 감 갑 갓 강
나 낙 난 날 남 납 낫 낭
다 닥 단 달 담 답 닷 당
라 락 란 랄 람 랍 랏 랑
마 막 만 말 맘 맙 맛 망
바 박 반 발 밤 밥 밧 방
사 삭 산 살 삼 삽 삿 상

아 악 안 알 암 압 앗 앙
자 작 잔 잘 잠 잡 잣 장
차 착 찬 찰 참 찹 찻 창
카 칵 칸 칼 캄 캅 캇 캉
타 탁 탄 탈 탐 탑 탓 탕
파 팍 판 팔 팜 팝 팟 팡
하 학 한 할 함 합 핫 항

### ✏️ 발음 –
### 'ㅢ' 발음 정확하게 하기

'ㅢ' 발음만 잘해도 세련되게 말할 수 있다. 그러나 'ㅢ' 발음은 부지런하게 입 안 '혀의 위치'를 움직여줘야 하기 때문에 많은 분들이 'ㅢ' 발음을 해야 하는 위치에서도 'ㅣ' 발음을 하는 경우가 많다.
'ㅢ' 발음은 'ㅢ' 'ㅣ' 'ㅔ' 3가지로 위치에 따라 달라진다.

1. 단어의 첫음절 '의'는 표기 그대로 [의]로 발음한다. 다만, 자음을 첫소리로 가지고 있는 음절의 '의'는 [이]로 발음한다.
   의견  의자  의사  의식주  의원  의심하다  의복  의지
   희망[히망]  희미하다[히미하다]  흰자[힌자]  흰머리[힌머리]

2. 첫음절 이외의 '의'는 [이]로도 발음이 허용된다.
   주의[주이]  회의[회이]  민주주의[민주주이]  무늬[무니]  강의[강이]

3. 조사 '의'는 [에]로도 발음이 허용된다.
   우리의[우리에]  조국의[조국에]  꽃의[꼬체]
   나의 조국[나에 조국]  회의의 의미[회이에 의미]
   민주주의의 의:의[민주주이에 의:이]

https://www.youtube.com/watch?v=llVdYnF2uag
'ㅢ' 발음을 정확하게 하는 방법을 저자의 영상으로 확인하실 수 있습니다.

### 📖 짧은 문장 낭독하기 -
### 받침 발음을 정확하게 하기

ㅓㅣ / ㅣㅕ / ㅣㅓㅣ / ㅣㅣㅏ
어린 시절 기억이 희미하다.
   기어기 히미

ㅗㅡ / ㅚㅢ / ㅜㅔㅡ / ㅢㅏ ㅏ / ㅐㅣㅣㅏ
오늘 회:의 주제는 희망찬 내일이다.
  회:이   히망찬

ㅏㅐㅏㅡ / ㅢㅕㅡ / ㅕㅏㅡ / ㅡㅘㅡ / ㅏㅕㅑ / ㅏ ㅏ
상대방의 의:견을 경청하는 습관을 가져야 한다.
상대방에      습꽈늘

ㅗㅡㅡ / ㅖㅏ / ㅢㅏㅡ / ㅛㅡㅡ / ㅏㅗㅏ
오늘은 계란 흰자의 효:능을 알아보자.
오느른  힌자에

## 🎧 힐링이 되는 낭독의 즐거움

상대방을 존중하는 느낌의 질문은 원하는 것을 얻:기 위한 대:화에
　　　　　　　　　　느끼메 질무는
매우 적절한 방법이다. 질문이란 무엇인가. '알고자 하는 바를 얻:기
　　　　적쩔
위한 물음'이다. 아무 생각 없:이 묻는 것은 질문이 아니다. '알고자
　　　무름　　　　　　　업:씨 묻는 거슨
하는 바를 얻기 위해' 하는 게 질문이다. 질문은 자기 자신을 한 단계
　　　　　　　　　　　　　　　　　　　　　　　자시늘
발전시키는 자기 성장의 비:밀이 기도 하다. 질문을 잘하는 사:람치고

자기 반:성적 성찰이 부족한 사:람은 거의 없:다.
　　　　　　　　　　　　　　거이 업:따
　물리학자인 리히텐베르크는 "지혜로 향하는 첫 걸음은 모든 것에
　　　　　　　　　　　　　　　　　　　천 꺼르믄
대해 질문하는 것이다."라며 질문이 지닌 강력한 힘을 강조하기도 했

다. 상대방과 대:화가 힘들다면 잠시 멈춰라. 그리고 질문을 통해 대:화

를 풀어나갈 실마리를 찾아보자. 질문은 대:화를 원활하게 만드는 윤활유와 같은 역할을 한다.

여카를

-《모든 관계는 말투에서 시작된다》중에서

https://www.youtube.com/watch?v=4QJU6vgT72o&t=45s
힐링이 되는 낭독의 즐거움 예문을 저자의 낭독법으로 확인하실 수 있습니다.

## 21일 좋은 목소리 습관 만들기
## 보이스 캘린더(Voice Calendar)

지금까지 하루도 빠짐없이 좋은 목소리를 만들기 위한 기초 재료인 복식 호흡, 공명 발성, 발음, 낭독 훈련을 순서대로 연습했다면, 이제는 나의 말에 생명력을 불어넣어 주는 훈련을 할 차례이다. 남은 한 주도 열심히 연습하길 바란다.

### | 3주차 : Day 15 ~ Day 21 |

| 날짜 | 호흡 | 발성 | 발음 | 낭독 | 느낀 점 |
|---|---|---|---|---|---|
| Day 15 | | | | | |
| Day 16 | | | | | |
| Day 17 | | | | | |
| Day 18 | | | | | |
| Day 19 | | | | | |
| Day 20 | | | | | |
| Day 21 | | | | | |

## 맛있는 스피치의 비밀! 7가지 레시피

그동안 좋은 목소리를 만들기 위한 기초 재료인 호흡, 발성, 발음에 대한 훈련을 진행하였다. 이제는 감정이라는 다양한 재료들을 잘 활용해서 어떻게 연습하느냐에 따라 목소리의 전달력은 달라질 것이다.
7가지 맛있는 레시피를 통해서 '소리 반 감정 반' 원고 낭독과 나의 스피치에 적용하는 적용 스피치까지 차근차근 정성스럽게 연습해보자.
적용 스피치는 스피치 주제에 대한 나의 생각, 경험을 편안하게 작성하고, 보이스 기초 재료인 복식 호흡, 발성, 발음과 7가지 레시피를 적용하여 말하는 것이다.
이렇게 적용 스피치까지 잘 연습해본다면 일정한 톤에 기계적인 말투가 아닌 상대방에게 호감을 줄 수 있는 자연스럽고 전달력 있는 목소리로 변화할 것이다. 뿐만 아니라 나의 경험과 생각을 정리하면서 감정을 힐링받을 수 있는 시간이 될 것이다. 그럼 지금부터 나의 스피치를 맛있게 만들어줄 수 있는 7가지 비밀 레시피를 시작해보자.
매시간 목소리 훈련을 시작하기 전에 보이스 레시피 5분 준비운동과 3가지 기초체력 훈련을 해보자.

4장

# 3주차
## Day 15 ~ Day 21

### 💬 3주차 핵심 포인트!

- 7가지 레시피를 활용해서 나의 말에 감정을 불어넣어 보자.
- 조음기관을 잘 활용해서 어려운 발음을 낭독해보자.
- 7가지 레시피를 적용하여 다양한 원고를 낭독해보자.
- 힐링 스피치에서는 1일 1주제를 통해 스피치에 적용해보자.

# 15일(Day 15)

### ✏️ 맛있는 스피치의 첫 번째 레시피 – 핵심 강조법

상대방에게 핵심 내용을 호소력 있게 전달하기 위해서는 내가 말하고자 하는 내용을 '강조'해야 한다. 마치 프레젠테이션을 할 때 레이저포인터의 볼록 렌즈 효과로 중요한 부분을 확대해서 보여주는 것과 같다.

아래 문장에서 빨간색 강조 단어를 힘 있게 말해보자. 어느 단어를 강조하느냐에 따라 의미 전달이 달라지기도 한다.

스피치를 잘하기 위해서는 좋:은 목소리를 갖춰야 합니다.
스피치를 잘하기 위해서는 좋:은 목소리를 갖춰야 합니다.

오늘의 회:의주제는 강조법 활용을 통한 스피치 방법입니다.
    회:이      강조뻡 화룡

오늘의 회:의주제는 강조법 활용을 통한 스피치 방법입니다.
    회:이      강조뻡 화룡

오늘의 회:의주제는 강조법 활용을 통한 스피치 방법입니다.

회:이    강조뻡 화룡

 https://www.youtube.com/watch?v=dGghVAi5dak

3가지 강조법인 핵심 강조, 모음을 길게 늘인 강조, 포즈 강조를 활용해서 말하는 방법을 저자의 영상으로 확인하실 수 있습니다.

## ✎ 발음 –
### 헷갈리는 발음 정확하게 하기, 받침 발음 정확하게 하기

받침 발음을 정확하게 하지 않으면 말이 또렷하지 않다. 또한 혀 짧은 소리처럼 들릴 수 있다. 받침 발음에 유의하며 천천히 읽어보자.

| | |
|---|---|
| 한강 [항강] X | [한강] O |
| 합격 [학격] X | [합격] O |
| 문법 [뭄뻡] X | [문뻡] O |
| 숲길 [숙낄] X | [숩낄] O |
| 짐꾼 [징꾼] X | [짐꾼] O |
| 전무 [점무] X | [전무] O |
| 감기 [강기] X | [감기] O |
| 친구 [칭구] X | [친구] O |
| 건강 [겅강] X | [건강] O |

### 📖 오늘의 소리 반 감정 반 낭독 –
### 아나운서 뉴스 원고

[뉴스1]

기후 위기 시대 우리 교:육을 돌아보는 연속 보:도입니다.
     교:유글 도라보는
앞서 사흘 동안은 현:실을 반:영하지 못:하고, 교:육 현:장에서
압써     현:시를 바:녕하지 모:타고
홀대받는 학교 기후 교:육의 문:제점을 알아봤는데요.
     교:육에 문:제쩜   아라
그럼 학생들이 실제 필요로 하는 진짜 기후 교:육은 뭘까요.
    실쩨 피료로
이정훈 기상 전:문 기자가 학생들에게 직접 들어봤습니다.
      학쌩드레게 직쩝

[뉴스2]

환:하게 웃:으면서 기뻐하더니, 곧 양 볼까지 꼬집어가며
   우:스면서
눈물을 쏟아냅니다.
눈무를

영화 〈미나리〉의 여덟 살 꼬마 배우 앨런 김의 수상소:감입니다.
　　　　　　　여덜
지난 7일, 미국 비:평가협회 시:상식에서 아역상을 받았습니다.
　　　　　　혀쬐　　　　　아역쌍　바닫씀니다
서툴지만 깜찍한 한:국어 수상소:감, "감사합니다."에 이어서

이번에 더 기분 좋은 소식, 들을 수 있을까요?

〈미나리〉가 미국 아카데미상 6개 부문에서 경:쟁을 벌:이게 됐습니다.
　　　　　　　　　　　　　　　　　　　　버:리게

특히, 윤여정 씨는 한:국 배우 최:초로

아카데미 여우조연상 후보에 올랐습니다.

김지선 기자가 보:도합니다.

- Kbs 〈뉴스9〉 중에서

https://www.youtube.com/watch?v=4QJU6vgT72o&t=45s
소리 반 감정 반 낭독을 저자의 낭독법으로 확인하실 수 있습니다.

## 🎧 오늘의 힐링 스피치

– 내가 생각하는 정의를 작성해보자.

나는 _____ 다.
취미란 _____ 다.
부모는 _____ 다.
친구란 _____ 다.
집은 _____ 다.
싫은 사람은 _____ 다.
좋은 사람은 _____ 다.
예쁘다는 것은 _____ 다.
여행이란 _____ 다.
나의 과거는 _____ 다.
나의 현재는 _____ 다.
나의 미래는 _____ 다.
꿈이란 _____ 다.

당신만 느끼고 있지 못할 뿐 당신은 매우 특별한 사람입니다.
– 데스몬드 투투 –

# 16일(Day 16)

✎ **맛있는 스피치의 두 번째 레시피 -
모음을 길게 늘인 강조법**

말에 생명을 불어넣어 주고 싶다면 모음을 길게 늘여서 말해보자. 말하는 사람의 감정을 생생하게 표현할 수 있고, 자연스럽게 단어를 강조할 수 있다.

지윤이가 공을 머~~얼리 던졌습니다.
세:계에서 가장 노~~옾은 건:물은 두바이에 있는 부르츠할리파입니다.
어~~엄청난 태풍 피:해를 입었습니다.
당신이 있어 저~~~엉말 행:복합니다.
우리 회:사 매:출이 최:~~~고치를 기록했습니다.

## ✏️ 발음 -
### 헷갈리는 발음 정확하게 하기

된소리가 지나치게 나오지 않도록 정확하게 발음해보고,
일상생활에서 틀리기 쉬운 발음들도 정확하게 발음해보자.

그녀는 키가 작다. [짝따] X [작:따] O
방이 너무 좁다. [쫍따] X [좁따] O
박쥐가 거꾸로 매달려 있다. [꺼꾸로] X [거꾸로] O
김치 볶음밥이 먹고 싶다. [뽀끔밥] X [보끔밥] O
절약하는 습관을 갖자. [절략] X [저략] O
영화 촬영이 진행된다. [촬영] X [촤령] O
만화 보고 싶다. [마나] X [만화] O
과제를 못:하다. [모나다] X [모:타다] O
삼겹살을 구워 먹었다. [구어] X [구워] O
집 안 청소를 깨끗이 해서 기분이 좋다. [깨끄치] X [깨끄시] O

### 📖 오늘의 소리 반 감정 반 낭독 –
### MC 원고

[MC1]

안녕하세요. KBS 생생정보! 화요일 저녁 생생하게 인사드립니다.

사:람들이 많:이 찾는 곳은 그만한 이:유가 있죠.
마:니 찬는 고슨
오늘은 만두와 불고기의 뜨거운 만남을
오느른
'비:법 2:4:시 밥상을 털어라'에서 비:밀을 파헤쳐 보겠습니다.
비:뻡

[MC2]

막국수 하면 메밀이고 메밀 하면 강원도죠.
막꾹쑤
메밀 음식은 강원도 영서 지역이 유:명한데요,

영동 지역인 양양에도 메밀로 소문난 맛집이 있다고 해서
맏찝

대:동 맛 지도에서 찾아가봤습니다.
차자
아주 특별하고 이색적인 메밀국수! 잠시 후 만나 보겠습니다.
특뼐　　　　　　국쑤　　　　　　보게씀니다


[MC3]

여의도에 벚꽃이 꽃망울을 터뜨렸습니다.
　　　　　　벋꼬치
그래서 봄도 되고 걷고 싶은 분들 많:으실 텐데요,
　　　　　　　　　　시픈
올바로 걸으면 운:동효:과가 더 좋:다고 합니다.
　　　　　　　　　　　조:타고
생생정보통에서 올바로 걷는 방법을 준비했:습니다.
　　　　　　　　　　　　　　　해:씀니다
지금 바로 공개할게요.


[MC4]

바다에 봄을 알리는 전령사 하면 주꾸미를 빼놓을 수 없는데요,
　　　보믈　　절령사

제철을 맞아 주꾸미잡이가 한창이어야 할 남당항이 한산하다고 합니다.
제처를 마자

심지어 주꾸미가 잡히지 않아서 금 주꾸미로까지 불린다고 하는데요,
자피지 아나서
어떤 이유에서인지 생생기획에서 취재했:습니다.
해:씀니다

- KBS 〈생생정보〉 중에서

https://www.youtube.com/watch?v=4QJU6vgT72o&t=45s
소리 반 감정 반 낭독을 저자의 낭독법으로 확인하실 수 있습니다.

## 🎤 오늘의 힐링 스피치

- 살면서 가장 행복했던 순간은 언제인가요?

내가 가장 행복했던 순간은

_____

_____

_____

_____

_____

_____

_____

_____

_____ 입니다.

---

행복은 깊이 느낄 줄 알고 단순하고 자유롭게 생각할 줄 알고
도전할 줄 알며 남에게 필요한 삶이 될 줄 아는 능력으로부터 나온다.
- 스톰 제임슨 -

## 17일(Day 17)

### ✎ 맛있는 스피치의 세 번째 레시피 - 천천히 강조법

소통을 잘하기 위해서는 내가 전달하고자 하는 메시지를 정확하게 강조해야 한다. 특히 '강조'는 프레젠테이션, 강의, 회의 등 설득이 필요한 자리에서 더 중요하다. 그냥 준비된 원고를 읽어 내려가거나 슬라이드 텍스트만 보면서 말하게 된다면 청중과 단절될 수밖에 없다. 소통을 잘하고 싶다면 중요한 단어를 천천히 또박또박 발음해보자.

행:복 호르몬인 세로토닌을 늘리는 방법에 대해 알아봅시다.

일과 삶:의 균형은 살아있는 한 끊임없이 유지해야 합니다.
        삼:메                끄니멉씨
약은 몸을 치유하고 명상은 마음을 치유합니다.

신념이 깊은 확신이 되는 순간 위대한 일:이 일어납니다.
        기폰 확씨니
지금부터 소통 잘하는 방법에 대해 말:씀드리겠습니다.

## ✏️ 발음 –
### 헷갈리는 발음 정확하게 하기

일상생활에서 틀리기 쉬운 발음들을 정확하게 발음해보자.

식사 거르지 마세요. [걸르지] X [거르지] O
한 주의 시작인 월요일이다. [월료일] X [워료일] O
라면 삶아 먹자. [쌀마] X [살마] O
다른 생각 하고 있어? [따른] X [다른] O
우리 엄마는 힘이 세:다. [쎄다] X [세:다] O
그녀는 세:련된 이미지이다. [쎄련된] X [세:련된] O
강아지가 잔디를 밟:다. [발따] X [밥:따] O
꽃 시장에서 꽃을 구매했다. [꼬슬/꼬틀] X [꼬츨] O
목젖을 위로 올려야 한다. [목쩌슬] X [목쩌즐] O
오늘 몇 월 며칠이야? [몇일] X [며칠] O

[금뇨일] X [그묘일] O
[일료일] X [이료일] O

### 📖 오늘의 소리 반 감정 반 낭독 –
### 교통 캐스터 원고

교통 정보입니다. 한 주의 시:작인 월요일답게 출근길 교통 상황이
교통 정봅니다　　　　　워료일　출근낄
어렵습니다. 점점 차량이 늘어나면서 서:행이 이어지는 구간이 많:은

데요, 곳곳에는 공사 소식도 전해지고 있습니다. 먼저 올림픽대로 공
　　　곧꼬세

항 방면 3차로에서 차선 긋는 작업으로 정체가 이어지고 있습니다.

그리고 평택시흥고속도로 시흥 방면 조암 나들목에서 송상마도 나들

목 중간지점 시:설물설치공사가 시:작 됐습니다. 약 10분간 편도 두

개차로가 전면 통:제된다는 점 참고하시기 바랍니다. 마지막으로 올

림픽대로 하남에서 공항 방면 한강대교 100m 못 간 지점에서 노량

대:교 신축이음장치 교체작업이 진행 중입니다. 편도 5개차로 중 2개

차로씩 부분 통:제되고 있습니다. 운:전자분들은 출근길 안전 운전 하
출근낄

시기 바랍니다. 지금까지 교통 정보였습니다.

https://www.youtube.com/watch?v=4QJU6vgT72o&t=45s
소리 반 감정 반 낭독을 저자의 낭독법으로 확인하실 수 있습니다.

## 🎧 오늘의 힐링 스피치

- 위로받고 싶었던 순간은 언제인가요?

내가 위로받고 싶었던 순간은

_____

_____

_____

_____

_____

_____

_____

_____ 입니다.

자세히 보아야 예쁘다
오래 보아야 사랑스럽다 너도 그렇다
- 나태주 시인의 〈풀꽃〉 중에서 -

# 18일(Day 18)

### ✏️ 맛있는 스피치의 네 번째 레시피 - 포즈 강조법

강조하고자 하는 핵심 단어 앞에서 살짝 멈춰 침묵해보자. 청중에게 호기심을 유발하고 관심을 집중시킬 수 있는 방법으로 발표나 강의, 방송진행을 할 때 자주 사용된다. 또한 각종 시상식에서도 포즈 강조법을 통해 약간의 긴장감과 궁금증을 유발한다.

행:복이 무엇이라고 생각하시나요? /// 아마 행:복의 기준은 다를 겁니다.
여러분! /// 안녕하십니까?
스피치를 잘하기 위해서는 /// 꾸준히 연:습해야 합니다.
이번 사:건의 진실 /// 과연 무엇일까요?
올해 카라스피치 대:상은 /// OOO입니다.

> 타이밍이 맞는 침묵은 가장 위엄 있는 표현이다.
> - 마크 헬프린 -

## ✎ 발음 –
## 품격을 높여주는 장음

우리말에는 장음과 단음이 있다. 장음은 다른 소리보다 길게 내는 소리로 전달력뿐만 아니라 말의 품격도 높여준다. 뉴스를 진행하는 아나운서를 보면 내용이 귀에 쏙쏙 들어오면서도 세련된 느낌이 있다. 이처럼 장단음이 습관이 된다면 프로그램 진행이나 대화, 발표, 강의를 할 때도 우리말의 기품이 느껴질 수 있다. 이 책에는 1일 1낭독 원고에 모두 장음 표시를 해두었다.

국어사전에서 단어를 검색해보면 ':' 이런 표시를 본 적이 있을 것이다. ':'는 장음 표시이다. 같은 단어라고 하더라도 장음과 단음에 따라서 의미도 달라진다. 예컨대, 사람이 하는 말과 달리는 말 중에 어떤 단어가 장음일까? 바로 사람이 하는 말:이다. 그렇다면 사람의 눈과 겨울에 내리는 눈 중 장음은? 바로 내리는 눈:이다. 우리말의 장음을 잘 지키면서 다음 내용을 읽어보자.

가:능 대:통령 사:람 대:학교 교:육 화:재 매:출 대:표 제:품

사:용 선:수 예:상 장:관 세:계 최:고 오:후 오:전 보:호 시:작


가:능한 서둘러 추진해주세요.

백화점 주변에 사:람들이 모여있다.
배콰점
물질보다는 마음의 부:자가 되거라.
물찔

내일 오:후에 만난다.


## ✏️ 숫자에도 장음이 있다.

'2, 4, 5, 둘, 셋, 넷, 열, 쉰, 만'을 장음으로 발음해보자.
문장 안에서 자연스럽게 강조가 되면서 전달력도 높아진다.

오늘은 3월 2:3일이다.

이 책은 만: 칠천 원이다.

두ː 명이 떨어지고 세ː 명이 합격했다.
합껴캐따

15ː일부터 두ː 명을 추가 채용하기로 했다.
핻따

이번에 5ː0% 매ː출성장을 기록했다.
기로캐따

https://www.youtube.com/watch?v=ouEMKyBWzAg
장음을 활용해서 말하는 방법을 저자의 영상으로 확인하실 수 있습니다.

## 📖 오늘의 소리 반 감정 반 낭독 - 스타트업 IR피칭 원고

스타트업을 준비하는 창업가가 되어 열정적으로 나의 사업아이템을 설명해 투자자를 설득한다는 생각으로 발표해보자.

AI로 세:상을 혁신하는 기업 /// 삼산텍 대:표 서달미입니다. 일란
　　　　　 혁씬　　　　　　　　　　　　　　　서달밉니다
성 쌍둥이는 글씨체도 똑같을까요? /// 다르답니다. 미국의 우편연:
　　　　　　　　　　　　　　　　　　　　　　　　　　　　 미구게
구소 실험에 따르면 /// 아무리 일란성 쌍둥이라도 동일한 글씨체

는 나오지 않는다고 합니다. 이처럼 필적은 /// 뇌의 지문이라고도
　　 안는　　　　　　　　　 필쩌근　　　뇌에
불리는 개:인의 고유한 특성이죠. 그렇기 때문에 필적은 /// 은행,
　　　　　　　　　　　　　　　　　　　　　　　 필쩌근
검:찰, 국과수, 국세청 등 다양한 기관에서 /// 본인확인의 수단으로
　　　 국꽈수　국쎄청　　　　　　　　　　　　 보닌화긴에
사:용되고 있습니다. 하지만 사인이나 필적은 /// 위조가 쉽:다는 단:점
　　　　　　　　　　　　　　　　　 필쩌근　　　 쉽:따는 단:쩜
이 있죠. 위조의 비:율은 8%에 달하지만 /// 감정하는 전문 감정사
　　　　　　 비:유른
의 인력은 아주 턱없이 부족합니다. 법원에 등록되어있는 전문 감정
　　 일려근

사는 /// 2:0여 명에 불과하죠. 만일 이 부족한 인력을 /// AI가 대
　　　　　　　　　　　　　　　　　　　　　일려글
신하면 어떨까요? /// 수:많은 위조 글씨와 진짜 글씨를 머신러닝으
　　　　　　　　　수:만은
로 학습시키면 /// 위조의 패턴을 찾아낼 수 있지 않을까요?
　　　　　　　　　　　　　　　　차자
　　이 질문에 대한 답을 /// 지난 2박 3일간의 해커톤에서 찾을 수
　　　　　　　　　　　　　　　　　　　　　　　　　　차즐
있었습니다. 은행의 1만 장의 테스트셋으로 /// 서:명과 필체의
　　　　　　　　은행에
특성을 스스로 분석해 진위여:부를 판별한 결과 /// 인식정확도가
특셍
99.8%로 나타났습니다. 시:작은 필적 감정이지만 /// 이 기술로 뻗어
99.8%　　　　　　　　　　　필쩍　　　　　　　　　　　　　뻐더
나갈 무궁무진한 서비스들, /// 보:안, 의료진:단, 스마트팩토리, 자

율주행 /// 이 모든 것들을 가:능하게 만들 삼산텍의 여정을 ///

샌드박스와 함께하고 싶습니다. /// 감사합니다.

　　　　　　　　　　　　　　　　　　　- 드라마 〈스타트업〉 중에서

https://www.youtube.com/watch?v=4QJU6vgT72o&t=45s
소리 반 감정 반 낭독을 저자의 낭독법으로 확인하실 수 있습니다.

## 🎧 오늘의 힐링 스피치

- 워라밸에 대해 어떻게 생각하시나요?
내가 꿈꾸는 워라밸 삶을 작성해보셔도 좋습니다.

**워라밸 라이프란**

_____
_____
_____
_____
_____
_____
_____
_____ 입니다.

건강이란? 단지 몸이 아프지 않은 상태가 아닌
육체적, 정신적, 사회적으로 모두 안녕한 상태이다.
- 세계보건기구(WHO) -

# 19일(Day 19)

### 🖍 맛있는 스피치의 다섯 번째 레시피 - 리듬 강조법

음악의 자연스러운 리듬이 마음을 움직이는 것처럼 목소리의 자연스러운 리듬도 마음을 움직인다. 딱딱하게 책 읽듯이 말을 하고 있다면 리듬 강조법을 통해서 자연스러운 스피치를 해보자.

안녕하세요. 반갑습니다.

행복한 하루 보내세요.

오늘도 저희 교육원을 찾아주셔서 감사합니다.

https://www.youtube.com/watch?v=ouEMKyBWzAg
리듬 강조법을 활용해서 말하는 방법을 저자의 영상으로 확인하실 수 있습니다.

## ✏️ 발음 –
### 어려운 발음 연습용 문장

백합 백화점 옆에는 백화 백화점이 있고,
배캅 배콰점 여페는 배콰 배콰저미 읻꼬
백화 백화점 옆에는 백합 백화점이 있다.
배콰 배콰점 여페는 배캅 배콰저미 읻따
담임 선생님의 담당 과목은 과학 과목이고,
다밈
담임 닮:은 담임 선생님의 담당 과목은 화:학 과목이다.
다밈 달:믄 다밈
대:공원의 봄 벚꽃 놀이는 낮 봄 벚꽃 놀이보다
           벋꼳 노리        벋꼳 노리
밤 봄 벚꽃 놀이가 좋:다.
        벋꼳 노리   조:타
상표 붙인 큰 깡통은 깐 깡통인가? 안 깐 깡통인가?
       부친
저분은 백 법학박사이고, 이분은 박 법학박사이다.
       버팍박싸        버팍박싸
내가 그린 기린 그림은 긴 기린 그림이고,

니가 그린 기린 그림은 안 긴 기린 그림이다.

### 📖 오늘의 소리 반 감정 반 낭독 -
### 기상캐스터 날씨 원고

**시청자와 대화하듯이 밝고 친근한 표정과 말투로 진행해보자.**

오늘 아침 출근길은 상쾌한 공기로 가득했:습니다.
     출근끼른     가드캐:씀니다

여기에 따뜻한 봄 햇살까지 내리쬐면서
    따뜨탄  해쌀/핸쌀

완연한 봄기운을 느낄 수 있었는데요,
   봄끼우늘

낮 기온은 전국 대:부분 지역이 2:0도 가까이 오르면서


봄기운이 더 짙어지겠습니다.
봄끼우니  지터

다만 동해안 지역은 건조특보가 내려져 있어서,
       특뽀

불이 나지 않도록 불씨 관리 잘 하셔야겠습니다.
   안토록  괄리

올해 봄꽃 개화 시기도 살펴보겠습니다.
   봄꼳

올해는 평년보다 하루에서 이틀 정도 빨리 꽃망울을 터뜨리겠는데요,

가장 먼저 개나리가 16일, 벚꽃은 2:6일로 예:상됩니다.

벋꼬츤

벚꽃은 개화한 후 일주일 후가 가장 만:개하고 화려하기 때문에

주말 동안 봄 내음 물씬 느껴보시기 바랍니다.

당분간 포근한 봄 날씨가 이어지겠습니다. 날씨였습니다.

https://www.youtube.com/watch?v=4QJU6vgT72o&t=45s
소리 반 감정 반 낭독을 저자의 낭독법으로 확인하실 수 있습니다.

## 🎧 오늘의 힐링 스피치

- 열정적으로 무언가를 도전했던 경험은 언제인가요?
생각이 나지 않는다면
앞으로 도전하고 싶은 것을 작성해보셔도 좋습니다.

**열정적으로 무언가를 도전했던 경험은**

_____
_____
_____
_____
_____
_____
_____ 입니다.

---

어디를 가든지 마음을 다해 가라.
- 공자 -

# 20일(Day 20)

### ✏ 맛있는 스피치의 여섯 번째 레시피 - 감정 이입법

감정을 담은 목소리는 매력적이다. 배우, 성우, 가수 등에게 감정은 정말 중요하다. 마음을 담은 감정 전달은 상대방에게 공감을 넘어 진정성을 보여줄 수 있기 때문이다. 주변에 말을 재미있고 생동감 있게 하는 사람을 생각해보면 연기를 하는 것처럼 다양한 감정 표현을 한다. 말의 내용과 상황에 맞춰 다양한 감정 표현을 하는 것은 감동과 재미를 줄 수 있다. 그럼 지금부터 밋밋했던 나의 스피치에 다양한 감정을 넣어서 표현해보자.

예를 들어, '오천 원만!'이라는 말을 다양한 감정으로 말해보자. 내가 정말 갖고 싶은 것을 구매하기 위해서 기분 좋게 달라고 하는 상황이라면 웃으면서 "오천 원만"이라고 할 것이다. 혹은 계속 달라고 해도 주지 않아서 짜증 나는 상황이라면 짜증 내면서 "오천 원만"이라고 할 것이다. 아래 다양한 상황을 생각하면서 표현해보자.

"저기요." 웃으면서 / 짜증 내면서 / 화내면서 / 슬프게
"백 원만." 웃으면서 / 짜증 내면서 / 화내면서 / 슬프게
"이 볼펜이 만 원이래." 웃으면서 / 짜증 내면서 / 화내면서 / 슬프게
"이제 왔어?" 웃으면서 / 짜증 내면서 / 화내면서 / 슬프게

### ✏️ 발음 –
### 어려운 발음 연습용 문장

한:영 양장점 옆에 한:양 양장점이 있고,
하:녕          여페 하:냥           인꼬
한:양 양장점 옆에 한:영 양장점이 있다.
하:냥          여페 하:녕           읻따
한:국 항:공 화:물 항:공기는 출발할 한:국 항:공 화:물 항:공기인가,

출발 안 할 한:국 항:공 화:물 항:공기인가.

멍멍이네 꿀꿀이는 멍멍해도 꿀꿀하고,

꿀꿀이네 멍멍이는 꿀꿀해도 멍멍하네.

옆집 팥죽은 붉은 팥 풋팥죽이고,
엽찝 팓쭉          팓   팓쭉
뒷집 콩죽은 검은 깨 깨죽이다.
뒫찝
경:찰청 철창살이 쇠 철창살이냐 철 철창살이냐

### 📖 오늘의 소리 반 감정 반 낭독 -
   라디오 DJ 원고

**감정을 이입하여 따뜻하고 친근한 목소리로 청취자와 대화를 나눈다고 생각하면서 낭독해보자.**

[원고1]

《우리만 아는 농담》을 쓴 작가 김태연의 이야기인데요,
작까 김태연에 이야긴데요
어느 날 그녀가 달리기를 시:작했어요.

처음에는 천천히. 하지만 자꾸만 속도가 조금씩 올라갔대요.
속또
그러다가 호흡이 가빠지고 어딘가 자세가 흐트러져서

더는 못 뛰겠다 싶을 때 누군가가 이런 조:언을 했다고 합니다.
시플                    핸따고
"속도를 줄이세요." "옆 사:람과 대:화할 수 있는 정도로 달리세요."
속또                            인는
음~~~ 옆 사:람과 대:화를 할 수 있을 정도의 속도….
        이쏠      속또
이보다 더 좋:은 속도가 어디 있겠나 싶어요.
   조:은 속또        시퍼요

옆 사:람과 다정한 인사 정도 건네며 하루를 시:작하면 좋겠습니다.

안녕하세요. 〈오늘 아침〉 정지영입니다.

[원고2]

자세교:정을 위한 사진을 보면 바른 자세와 나쁜 자세가 나란히 비:
교돼 있잖아요. 바른 자세에는 '곧게 세우다'라는 단어가 적혀있고,
　　　　　　　　　　　　　　　곧께　　　　다너　　저켜읻꼬
나쁜 자세에는 '무너지지 않게'라는 주:의사:항이 쓰여 있죠. 모든 자
　　　　　　　　　　　　　　안케　　　주:이사:항
세를 일일이 기억하긴 쉽지 않지만 머리, 가슴, 허리, 골반의 평형이
　　일리리　　　　　　안치만
무너지지 않도록 신경 쓰는 것만으로도 도움이 된다고 합니다. 미세
　　　　안토록
한 통:증에 신경 쓰면서 흐트러진 몸을 바로 세우는 일:은 마음의 중
　　통:쯩
심을 바로 세우는 일:과도 비슷할 것 같아요. 나쁜 생각에 쉽게 휩쓸
　　　　　　　　　　가타요
리지 않고 좋:은 생각에 깊게 공감하면서 아름다운 풍경 속에서는 흠
　　　안코 조:은　　 깁께
뻑 감:동도 하고 말이죠.

174

오늘도 애 많ː이 쓰셨습니다. 〈사랑하기 좋ː은 날〉 이금희입니다.
　　　　　　　　　　　조ː은　　이금흽니다

https://www.youtube.com/watch?v=4QJU6vgT72o&t=45s
소리 반 감정 반 낭독을 저자의 낭독법으로 확인하실 수 있습니다.

## 🎧 오늘의 힐링 스피치

- 나의 진정한 친구는 누구인가요? 그 친구와 기억에 남는 추억도 작성해보세요. 어린 시절 생각나는 친구도 괜찮습니다.

**나의 진정한 친구는**

_____
_____
_____
_____
_____
_____
_____
_____ 입니다.

> 누군가에게 깊이 사랑받고 있으면 힘이 생기고
> 누군가를 깊이 사랑하고 있으면 용기가 생긴다.
> – 노자 –

# 21일(Day 21)

### ✏️ 맛있는 스피치의 일곱 번째 레시피 – 말투

목소리는 좋지만 말투가 퉁명스럽다면 어떨까? 긍정적인 이미지는 아닐 것이다. 사람은 감정으로 원만한 소통을 하기 때문에 감정을 어떻게 표현하느냐에 따라 관계에도 영향을 미치게 된다. "고마워."라는 말 한마디도 어떻게 전달하느냐에 따라 진심이 느껴지기도 하고, 마지못해 하는 것처럼 느껴지기도 한다. 말투는 상대방에게 상처를 주기도 하고 위로와 격려를 통해 편안함을 주기도 한다.

또한 말투는 표정과 하나이다. 무표정으로 말을 한다면 딱딱하고 무서워 보일 수 있다. 웃으면서 화를 낼 수 있는가? 아마 어려울 것이다. 공명강이 넓어지면서 밝은 소리가 나오기 때문에 심각하기보다는 장난치는 것처럼 느껴질 수도 있다.

감정 표현이 서툴고 어려워서 교육원을 찾는 수강생분들도 많이 봐왔다. 어색하고 부끄러워서 항상 무표정으로 말을 하다 보니 말투도 일정한 톤으로 딱딱하고 기계적이다. 보통 사람들과의 소통도 원만하지 못하고 자신감이 부족한 경우가 많다.

감정은 누구에게나 있기 때문에 내가 평소 감정 관리를 어떻게 하느냐가 중요하다. 성우들이 더빙하는 모습을 봐도 그렇다. 대사에 따라 일어서서 몸 연기를 하고 표정을 지으며 더빙한다. 평소 "화났어?" "안 좋은 일 있어?" "어디 아파?"라는 말을 자주 들었다면 나의 표정이나 말투에 문제가 없는지 점검해보자. 사람의 감정은 표정으로도 알 수 있지만 목소리 즉, 말투로도 짐작할 수 있다.

https://www.youtube.com/watch?v=fD2dSu58gsE&t=62s
청유형 말투로 말하는 방법을 저자의 영상으로 확인하실 수 있습니다.

✏️ **웃으면서 표정 근육을 풀어주자.**
**입술을 옆으로 벌리면서 기분 좋게 단어를 말해보자.**

얼굴 근육은 감정과 마음을 담는 커뮤니케이션의 도구라고 할 수 있다. 평소 잘 사용하지 않았던 얼굴 근육은 사람마다 다르지만 평균적으로 약 50개이고, 웃을 때 필요한 근육은 약 20개라고 한다. 표정만으로도 사람의 성격과 마음 상태를 예측할 수 있기 때문에 앞으로 꾸준히 얼굴 근육을 풀어서 자연스럽고 부드러운 표정을 유지해보자.

멋쟁이  삐약삐약  병아리  원숭이  올챙이

개미  개나리  계란  기차  개구리  기린  고기

비행기  세탁기  해바라기  바구니  나비  원숭이

✎ 노래 부르면서 표정 근육을 풀어주자. -
   〈올챙이 송〉

음악을 들으면서 박수를 치며 불러보자. 기분이 좋아져서 노래가 절로 나올 것이다.

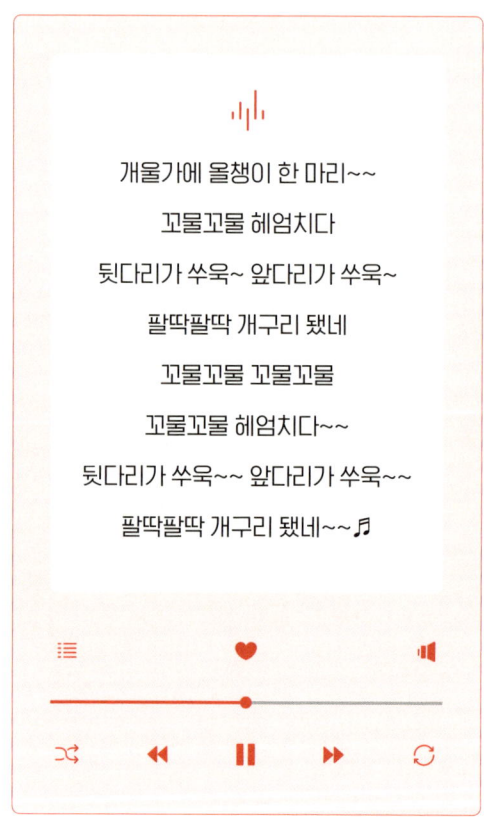

### ✏️ 발음 -
**어려운 발음 연습용 문장**

상표 붙인 큰 깡통은 깐 깡통인가? 안 깐 깡통인가?
　　　부친
저기 저 말뚝이 말 맬 말뚝인가 말 못 맬 말뚝인가.

양양역 앞 양복점은 양양 양복점이고,
　　　　　양복쩜　　　양복쩜
영양역 옆 양복점은 영양 양복점이다.
　　　　　양복쩜　　　양복쩜
생각이란 생각하면 생각할수록 생각나는 것이 생각이므로
　　　　　생가카면 생가칼수록 생강
생각하지 않는 생각이 좋ː은 생각이라고 생각한다.
　생가카지 안는　　　　　　　　　　생가칸다
고려고 교ː복은 고급교ː복이고,

고려고 교ː복은 고급원단을 사ː용했다.
　　　　　　　　　　　　　　핸따

## 📖 오늘의 소리 반 감정 반 낭독 – 쇼호스트 원고

지금까지 배운 강조법을 활용하여 쇼호스트가 되어 감정 이입을 하면서 아래의 내용을 생생하게 낭독해보자.

안녕하세요. 쇼호스트 ○○○입니다.

오늘은 봄철 입맛을 사로잡는 상큼하고 달콤한 '오렌지'를
                  임마슬
아주 좋ː은 조건으로 준ː비했ː습니다.
     조ː은 조껀
봄은 오렌지의 계ː절이라고도 하잖아요.

그래서인지 색깔 좀 보세요. 보는 것만으로도 침샘이 폭발합니다.
                                                   폭빨
자! 천혜의 자연환경을 자랑하는 캘리포니아에서

따뜻한 태양빛을 받으면서 자란 블랙라벨 고당도 오렌지!
따뜨탄 태양비츨
껍질도 너무 쉽게 벗겨지는 거 보이시나요?

와~~~ 꽉~~ 찬 알갱이가 '탱글탱글'합니다.

과:즙도 '콸콸콸콸' 쏟아져 나오는데요,

요즘처럼 미세먼지 가득한 날에는 입 안이 텁텁하죠.
텁터파죠

이때 한 입 먹으면 개운하면서 비타민이 입 안에서
　　　한 닙 머그면
팡팡 터지기 때문에 스트레스도 날아갑니다. 흐음~~~~

블랙라벨 고당도 오렌지는 비타민C가 풍부하게 들어있어서

봄철 알레르기 질환부터 큰 일교차로 인한

감:기 예:방에도 도움이 됩니다. 감:기뿐만이 아니죠.

나른한 몸에 활력을 주면서 스트레스 해:소에도 도움을 줍니다.

자! 달콤하면서 새콤한 블랙라벨 고당도 오렌지!

세 박스에서 한 박스 더 드리는! 단 한 번도 없:었던 이 가격 이 조건!

이번 시즌 마지막입니다. 지금 바로 주:문하세요!

https://www.youtube.com/watch?v=4QJU6vgT72o&t=45s
소리 반 감정 반 낭독을 저자의 낭독법으로 확인하실 수 있습니다.

## 🎧 오늘의 힐링 스피치

- 사랑하는 나 자신에게 쓰는 편지

마지막으로 그동안 열심히 살아온, 그리고 열심히 살아갈 소중한 나 자신에게 하고 싶은 말을 작성해보세요.

To.

_____
_____
_____
_____
_____
_____
_____

From.

행복한 사람은 급한 것보다 소중한 것에
더 많은 시간을 할애합니다.
- 셀리그먼(M. Seligman)의 연구에서 -

# 21일
# 보이스 트레이닝 후
# 진단해보기

보이스 트레이닝 시작 전 진단을 위한 녹음을 통해 부족한 부분과 문제점이 무엇인지 파악했다. 그리고 이 책을 통해 좋은 목소리로 변화하기 위한 다짐을 하면서 꾸준히 연습했을 것이다.

이제는 변화된 목소리를 확인할 시간이다. 동일한 원고를 다시 낭독하면서 녹음해보자.

### ✏️ 보이스 진단1

지구 온난화에 따른  //  기후 변:화에 맞춰  //

식목일을 앞당기는 방안이  //  추진되고 있습니다.  //
싱모길
산림청이 실시한  //  국민 인식 조사 결과에서도  //
살림청              궁민
식목일을 3월로 변:경하는 방안에  //
싱모길
응답자의 절반 이:상이  //  '찬성'한 것으로 나왔습니다.  //

### 보이스 진단2

3분 자기소개를 해보자.

안녕하세요. 21일간 보이스 트레이닝에 참여하게 된 ____ 입니다.

보이스 트레이닝 훈련을 하면서 가장 힘들었던 부분은
_____
_____
_____

21일 동안 꾸준히 보이스 트레이닝을 하면서 느낀 점은
_____
_____
_____
_____

변화된 목소리로 앞으로의 다짐 혹은 목표가 있다면
_____
_____
_____
_____

녹음한 내용을 들어보고 아래 진단표에 체크해보자.

훈련 전에 녹음했던 내용과 비교하면서 조금이라도 나아졌는지 비교해보자. 아직도 반복적으로 체크된 부분이 있다면 그 부분을 개선하기 위해서 다시 연습해야 한다.

- ☐ 말의 속도가 느리거나 빠르다.
- ☐ 목소리가 작고 힘이 없다.
- ☐ 목소리가 커서 화를 내는 것 같다.
- ☐ 목소리가 염소처럼 가늘고 떨린다.
- ☐ 발음이 정확하지 않아 어눌하다.
- ☐ 목소리 톤이 너무 높거나 낮아서 불안정하다.
- ☐ 톤이 단조롭고 일정해서 내용 전달이 부족하다.
- ☐ 말을 조금만 해도 목이 쉽게 잠기고 갈라진다.
- ☐ 목소리가 웅얼거려서 답답하다.
- ☐ 말을 자연스럽게 하지 못하고 버벅거린다.
- ☐ 목소리가 어둡고 생동감이 없어서 아파 보인다.
- ☐ 툭툭 내뱉는 말투와 아이 같은 말투를 가지고 있다.
- ☐ 사투리가 심해서 고치고 싶다.
- ☐ 목소리가 기계처럼 딱딱하고 감정이 없다.

# 21일간의 보이스 레시피를 마무리하며…

먼저 이 책과 함께 21일간 보이스 트레이닝을 꾸준히 해주신 여러분들께 감사의 인사를 드리고 싶다. 단순히 목소리의 변화뿐만 아니라 저와 마음을 나눈 시간이 되었기를 바란다. 누구나 다양한 감정을 가지고 있는 것처럼 사람은 다양한 목소리를 가지고 있다.

장소와 환경, 상황에 따라 알맞은 목소리를 사용한다면 지금보다 훨씬 발전된 삶을 살아갈 수 있을 것이다.

목소리는 살아가는 데 정말 중요할까? 그렇다.
목소리는 후천적인 노력을 통해 변화할 수 있을까? 그렇다.
보이스 트레이너로서 지난 10년 동안 다양한 교육생분들을 만나면서 목소리의 중요성과 변화하는 모습을 확인해왔다. 여기까지 온 당신도 그 중요성과 가능성을 충분히 느꼈을 것이라 생각한다. 이제 당신에게 필요한 것은 지속할 수 있는 시간이다. 미국의 의사 맥스웰 몰츠는 그의 저서 《맥스웰 몰츠 성공의 법칙》에서 '21일의 법칙'을 처음 주장했다. 이후 많은 뇌과학 연구를 통해 이 주장이 체계화되면서 새로운 행동이 습관으로 형성되는 데는 평균 21일이 걸리고, 습관을 완전히 몸에 배게 하려면 대략 100일을 더 이어나가야 한다는 사실이 발견되었다.

보이스 캘린더를 활용하면 목소리 훈련이 습관으로 굳어지는 데 유용할 것이다. 목소리 기초 재료 3가지인 '복식 호흡, 발성, 발음'과 다양한 원고 낭독 연습에 하루 30분만 투자해보길 바란다. 새로운 습관을 완전히 나의 것으로 만들 수 있을 것이다. 그리고 변화된 나의 목소리로 마음의 용기, 삶의 용기도 가져보시길 바란다.

그동안 애쓰셨습니다.
당신의 노력을 응원합니다.
감사합니다. 그리고 행복하세요

"아름다움은 사람의 내면에서 나오는 빛입니다."
- 헬렌 켈러 -

# 카라스피치 수강생분들의 생생한 후기

경매사를 꿈꾸면서 막연하게 뭐부터 시작해야 할지, 어떻게 만들어가야 할지 막막하던 때에 카라스피치에서 원장님을 만났습니다. 발성, 톤, 화법 모든 게 다듬어지지 않고 장단점조차 파악하지 못하던 상태에서 원장님께 가르침을 받으며 기초부터 하나하나 쌓아갔고, 할 수 있다는 긍정적인 생각으로 미래의 모습을 그려 나갔습니다. 그 후 원장님과 함께 고치며 배워나간 시간 덕분에 막연하게 꿈꿨던 분야에서도 데뷔를 할 수 있었고, 자리 잡을 수 있었습니다. 이 책을 읽고 '기초도 기본도 아무것도 준비되지 않은 내가 잘할 수 있을까?'라는 의문이 생길 수도 있는 게 당연하다고 생각합니다. 원장님께 배웠던 처음의 저도 반신반의의 마음으로 시작했었으니까요. 하지만 시간이 지난 후 현재의 저는 자신 있게 스피치를 하고 스피치로 직업을 삼아 지내고 있습니다. 제가 변화를 느꼈던 것처럼 이 책이 누군가에게 인생을 변화시킬 원동력이 될 것이라 믿습니다.

💬 수강생 미술경매사 **김주혜 님**

40이 넘은 나이에 유튜버가 되어 내가 말하는 모습을 영상으로 처음 봤습니다. 어눌한 발음, 정리되지 않은 내용, 말끝을 흐리는 습관 등등 정말 최악이었습니다. 말하기를 배울 선생님을 찾았고 김효정 원장님을 통해 많은 것을 고쳤습니다. 말과 목소리는 성대의 울림이라고만 생각했는데, 절제되며 정제된 내 생각의 표현이란 것을 강의를 통해 알게 되었습니다. 목소리를 좋게 하는 방법, 발음을 좋게 하는 방법을 넘어 어떻게 생각을 정리하고, 상대방에게 내 생각을 정확히 전달해 대화를 이끌어나가는지, 그리고 상대방을 설득하는 방법까지…. 기대 이상으로 많은 것을 배웠고, 지금도 제 생각과 언어활동의 지침이 되고 있습니다. 가끔씩 예전의 말버릇이 다시 나올 땐 유튜브 '김효정의 보이스 앤 스피치'를 보며 다시 연습합니다. 이 책을 읽으시는 분께 새로운 말과 생각의 세계로 들어오신 것을 미리 축하드립니다. 그리고 출간을 진심으로 축하드립니다.

> 💬 수강생 유튜버 **맛상무 님**

    사업을 시작하면 고객들은 물론이고, 정부관계자, 업체사장과 같은 다양하고 많은 사람들을 만날 수밖에 없습니다. 사업을 위해서는 이들 모두에게 좋은 인상을 남겨야 합니다. 하지만 저는 다른 사람들에 비해 키도 작고, 얼굴도 동안이고, 말투까지 어린아이 같다 보니 상대방에게 신뢰를 주기보다는 경험이 없는 사람으로 비치기 십상이었습니다. 어느 날 한 지인이 "태호 씨는 말투만 좀 바뀌면 사람 참 달라 보일 것 같은데, 목소리 지도 한번 받아봐!"라고 조언을 해줬습니다. 저도 스스로의 가치를 높이고 싶었고, 지인에게 이런 조언을 듣게 되자 고심 끝에 카라스피치 학원에 목소리 교정 등록을 했습니다. 카라스피치 김효정 원장님께 수업을 받으면서 아이 같은 말투가 교정되고, 목소리에 힘이 실리자 감동하였습니다. 회의할 때나 강의할 때, 모두가 경청하며 집중하는 모습. 날 신뢰하며 반짝이는 눈으로 바라보는 상대방을 느꼈을 때 '내 인생이 변하겠구나.'라는 자신감과 당당함이 생겼습니다. 키도 작고, 말투도 아이 같아서 늘 무시당한다는 느낌이 들었었는데, 마치 작은 거인이 된 것 같았습니다. "여러분도 보이스 레시피를 통해 목소리 변화뿐만 아니라 마음의 용기, 삶의 용기도 가져보세요."

> 💬 수강생 눈꽃 굼벵이 대표 **유태호 님**

김효정 원장님과의 첫 만남은 2018년 무더운 여름, 모회사의 강연 때였습니다. 원장님의 정갈한 모습과 준비해오신 교육내용을 들으며 나도 모르게 홀리듯 빨려 들어가는 느낌을 받았습니다. 강연이 끝나고 어디서 그런 용기가 났는지 재빠르게 나를 소개하고 사진을 함께 찍었습니다. 그리고 원장님께 명함을 받으며 찾아뵙겠다고 말씀드렸습니다. 그렇게 만남이 시작되었고, 원장님의 스피치 훈련을 통해 나를 다듬고 발성을 익혔습니다. 그리고 직장에서 신입생 교육을 위해 무대에 올랐고, 자연스러운 표정과 몸짓은 소장님과 팀장님, 교육생들로부터 박수갈채를 받았습니다. 김효정 원장님과의 만남은 무대를 이끌어나가는 자신감이었습니다. 이 책을 통해 인생을 이끌어나갈 수 있는 자신감을 얻길 바랍니다.

● 수강생 LG전자 케어솔루션매니저 **김은주 님**

　　카라스피치 학원을 다니며 누군가에게 스피치를 할 때는 단순히 내용 전달을 넘어, 시선, 자세, 제스처, 발성에 대해서도 많은 정성을 쏟아야 함을 배웠습니다. 대학원생 시절, 처음엔 프레젠테이션을 잘하고 싶어 다니게 되었는데 단순히 실력의 향상을 넘어, 스피치에 대해 더 애정을 가지게 된 것 같습니다. 원장님께 배운 것을 바탕으로 스스로 갈고 닦으면서, 발표 능력이라는 새로운 무기를 가지게 되었고 이후 제 삶에서 여러 성과들을 낼 수 있었습니다. 스피치 전문가이신 원장님께 스피치를 배울 수 있어 감사드리고, 귀중한 경험으로 간직하겠습니다.

● 수강생 현대자동차 연구원 **정우석 님**

"안녕하세요."라고 시작하는 짧은 말 한마디가 사람의 마음을 얻어 집중하게 만들고 나의 경쟁력이 된다는 것을 유튜브를 시작하면서 알게 되었습니다. 누구나 말하고, 듣고, 공감하고, 소통하지만 이 짧은 말 한마디조차 어렵다는 사실을 알게 된 후 스피치도 배워야 한다는 것을 깨달았습니다. 그로 인해 찾고 찾아 우연치 않게 알게 된 스피치 전문가 김효정 선생님! 선생님을 통해 설득력을 강화시켜주는 스토리텔링과 인상적인 스피치를 위한 감각적인 표현법, 그리고 사람들을 집중시킬 수 있는 목소리 활용 방법까지 매번 시간을 내서 1주일에 한두 번씩 배우러 다녔습니다. 아직도 부족한 게 많지만, 그동안 제가 배웠던 선생님의 많은 노하우와 지식이 이 책을 통해 다양한 분들에게 전파되길 바랍니다.

● 수강생 유튜버 리틀약사 **이성근 님**

저는 연구사(연구직 공무원 6급) 면접을 준비하면서 카라스피치를 알게 되었습니다. 다수의 공무원 면접 코칭 경험이 있으신 김효정 원장님의 이력을 보고 주저 없이 일대일 코칭을 수강하였습니다. 면접일까지 단 6일만 남아있던 상황이었고, 단기간에 제대로 코칭을 받을 수 있을지 걱정도 했었는데, 완전히 기우였습니다. 원장님께서는 면접 베테랑답게 곧바로 4일간의 연습 플랜을 짜주셨고, 체계적으로 면접 준비를 할 수 있었습니다. 4일간의 코칭 동안 제가 가진 경험이나 경력에 올바른 공직관을 잘 녹여 훌륭한 답변으로 재탄생시켜주신 원장님 덕에 점차 제 답변들에 대해 자신감이 붙었고, 원장님만 믿고 따라가면 합격하겠다는 든든함이 강하게 느껴졌습니다. 또한 정확한 호흡과 발음, 발성 훈련으로 소리의 힘이 생겨 자신감이 생겼고, 친절한 말투는 좋은 이미지를 줄 수 있었습니다. 면접장을 나오면서 스스로 합격을 확신할 정도로 답변을 잘했고 실제로도 최종합격이라는 좋은 결실을 볼 수 있었습니다^^. 정말 진심으로 카라스피치를 선택했기에 성공적으로 면접을 치를 수 있었다고 생각합니다. 다시 한번 원장님께 정말 감사드립니다!! 면접은 훌륭한 답변뿐만 아니라 전달력 있는 목소리가 정말 중요합니다. 이 책은 면접을 준비하는 분들에게 특히 추천드립니다. 정말 큰 도움이 되실 겁니다.

💬 수강생 연구직 공무원 6급 **김지원 님**

안녕하세요. 청소 업체를 운영하는 대표 김청호입니다. 카라스피치를 만난 건 정말 저에겐 크나큰 행운이었습니다. 청소 업을 하다 보니 미팅해야 할 일들이 많아졌는데요, 그러던 중 스토리텔링에 부족한 제 모습을 발견하게 되었습니다. 또한 유튜브를 하면서 말의 속도, 그리고 전달력이 부족하다는 사실을 알게 되었습니다. 해결 방법을 찾던 중 김효정 원장님을 알게 되어 1대1 개인레슨을 시작했습니다. 처음에는 스피치 교육이 정말 도움이 될까 싶었습니다. 하지만 그 결과는 정말 놀라웠습니다. 저 자신의 발전은 물론이고 유튜브를 찍을 때도 말의 속도와 전달력에 더 신경을 쓰게 되었습니다. 주변인의 평가도 아주 좋았습니다. 습관이 되기까지 많은 연습을 했지만 다시 예전 버릇이 나올 때도 있어서 그때마다 김효정 원장님의 수업 노하우가 담긴 유튜브 채널을 통해 더욱더 자세한 복습을 할 수 있었습니다. 이 책을 접한 여러분들께서도 김효정 원장님의 교육과 유튜브 채널을 통해 스피치 세계에 빠져보세요. 김효정 원장님의 출간을 진심으로 축하드립니다.

💬 수강생 황금빗자루 대표 **김청호 님**

그동안 저는 지나치게 어린아이 같은 목소리로 인해 손해를 보거나 오해를 받는 경우가 많았습니다. 어렸을 때는 목소리를 매력으로 어필했으나, 교사라는 직업을 갖게 된 이후로 새로운 난관에 봉착했습니다. 매일 교실에서 진행하는 수업 외에도 공개 수업, 상담, 각종 연수 등 다른 사람들 앞에서 말을 하는 일이 다반사였기 때문입니다. 그럴 때마다 목소리는 타고나는 거라 여기고 체념했었는데, 부모님의 권유를 받아 스피치 학원에 등록했습니다. 수업은 올바른 호흡법을 익혀 틈틈이 발성 연습을 하고 발표 기술을 배운 뒤, 개별로 발표를 녹음 및 녹화하여 피드백을 받는 과정으로 진행되었습니다. 물론 처음에는 모르는 분들 앞에서 발표하는 것이 부끄럽고 어색했습니다. 피드백 또한 저의 긍정적인 면보다는 부정적인 면이 부각되는듯하여 속상한 적도 많았습니다.

그러나 비슷한 고민을 가지고 있는 분들이기에 서로 마음을 열고 다가가는 데 오랜 시간이 걸리지 않았습니다. 게다가 반복적으로 훈련하니 저의 목소리는 점점 안정감 있고 편안한 어조로 변화했고, 긍정적인 피드백을 주로 받게 되는 놀라운 결과가 생겼습니다. 이후 저는 다른 사람 앞에서 말을 하는 것에 자신감이 생겼으며, 제가 하고 싶은 말의 전달력을 높일 수 있었습니다. 이러한 효과에 대해서는 부모님 및 친구들, 동료 교사분들이 수많은 증명을 해주고 있죠! 알맞은 방법을 배우고 꾸준히 연습한다면, 타고난 목소리도 얼마든지 변화 가능하다는 점을 알려드리고 싶습니다. 여러분의 고민은 변화만 늦출 뿐이니, 지금 시작해보세요.

● 수강생 초등학교 교사 **유민선 님**

사람이 말하는 방식과 목소리, 그리고 언어를 전달하는 능력은 현대를 살아가는 우리에게 개인이 할 수 있는 최고의 마케팅이고 혜택입니다. 저자는 유수의 기업에서 수준 높은 강의로 개개인이 가지고 있는 잠재된 스피치 능력을 깨우는 힘을 보여줬으며 그 과정을 함께했었던 나는 교육생들이 발전하는 모습을 보면서 감탄을 금할 수가 없었습니다. 굳이 많은 사람이 모인 자리가 아니더라도 일상에서 사람과의 대화를 불편해하고 말하기를 어려워하는 이들에게 저자는 마치 본인의 일처럼 공감하고 떨려 하며 당사자의 입장에서 진심 어린 솔루션을 제시했습니다. '당신이 간절하게 찾고 있는 것 또한 간절히 당신을 찾고 있다.'라고 하지 않습니까? 만약 누군가가 목소리와 스피치에 대하여 큰 간절함을 가지고 있다면 당장 저자의 컨설팅을 받아보시길 권합니다. 당신의 간절함에 응답해줄 것입니다.

💬 ㈜hy 과장 **윤여원 님**

직장 승진시험 과목에 스피치 및 발표력 능력 검정이 있어 카라스피치커뮤니케이션 김효정 원장님과 첫 인연을 맺은 후 몇 해 전 직장에서 안전관리사 현장 소통&컨설팅 위주의 안전활동을 위한 외부 소통전문가 초빙 특별교육을 시행하게 되었습니다. 과거 안전관리사들의 권위적이고 강압적이며 명령 어투의 현장활동에 대하여 현장 직원들의 불만이 팽배해진 시점에 원장님의 소통능력 향상 스킬을 배우고자 마련한 자리였습니다. 안전관리사들의 업무 마인드 재정립, 정확한 발음·말투·억양·톤 등의 목소리를 교정하는 매력적인 보이스 피칭기법, 현장과 소통하는 대화법 등을 통하여 에티켓과 매너가 있는 소통활동을 통한 공감대 형성으로 이미지 제고, 외모·복장·행동·화술·표정·자세 등 호감이미지를 위한 자기관리 완성으로 교육 후 현장 직원들의 호평을 받게 되었습니다. 이번에 출간되는 이 책이 원장님의 멋진 보이스 피칭기법을 널리 알릴 수 있는 좋은 계기가 되기를 바라며 아직도 실생활에서 어려움을 겪는 많은 분들에게 새로운 이정표가 되었으면 합니다. 감사합니다.

● 한국철도공사 부장 **전연식 님**

　수강생분들의 후기는 나에게 깊은 감동과 또 다른 용기를 주었다. 그동안 내 분야에서 열심히 노력하며 교육했던 지난 시간들이 떠올랐고, 단순히 한번 지나가는 수강생이 아닌 꾸준한 소통과 진심 어린 마음을 나누면서 함께했던 시간들이 나 자신을 더 성장시켰다. 이 책을 함께해준 모든 분들의 삶이 더 행복하고 아름다워질 수 있기를 바란다.